대학을 바꾸는 공부법

명문대생만 아는
입시 전략의 기술

대학을 바꾸는 공부법

김동환 지음

PACE MAKER

서문

명문대생은 당신처럼 공부하지 않았다

매년 60만 명의 수험생들은 '공부에는 왕도가 없다.'라는 믿음 아래 긴 시간 책상 앞에 앉아 정말 무던히 노력합니다. 그중 누군가의 노력은 명문대 입학이라는 좋은 결실을 맺지만, 누군가는 안타깝게도 괄목할 만한 성과를 거두지 못하곤 합니다. 정말 공부에는 왕도가 따로 없는 걸까요? 오로지 노력만이 답인 걸까요? 제각각 공부에 들이는 노력의 총량을 비교할 수는 없지만, 오늘날 끊임없이 경쟁하며 공부하는 수험생들은 이미 충분히 노력하고 있다고 생각합니다. 단지 그 방향이 잘못되었을 뿐입니다.

저는 2012년부터 청소년 진로·입시 멘토링 교육기업 멘토트리를 운영하며 '공부의 왕도'를 찾기 위해 노력해왔습니다. 명문대에 다니는 1천여 명의 멘토들과 함께 다양한 진로 교육 프로그램을 운영했고, 팟캐스트와 유튜브 방송을 병행하며 수험생들의 고민과 고충을 공유했습니다. 진로·입시 멘토링 프로그램을 진행하면서 멘토들이 가장 많이 받는 질문은 '왜' 공부를 했고, '어떻게' 공부했는지에 대한 것이었습니다. 멘토들의 답변은 조금씩 달랐지만 하나의 공통점이 있었습니다. '왜'와 '어떻게'에 대한 답을 찾기 위해 스스로 오랫동안 고민했다는 점입니다.

'욕심이 많아서 친구들에게 성적으로 지고 싶지 않았다.' '성적이 오르다 보니 주변 사람들에게 인정받게 되어 좋았다.' '특별히 할 줄 아는 게 없어서 공부라도 해야겠다는 생각이 들었다.' '대학에 가서 하고 싶은 일이 생겼을 때 성적 때문에 못하면 너무 후회될 것 같았다.' '평생 경조사 때 명문대 이름이 새겨진 화환을 받고 싶었다.' '꿈을 이루려면 일단 좋은 대학교에 들어가는 것이 유리했다.' 등 멘토들마다 공부를 하게 된 이유는 참 다양했습니다. 거창한 이유는 별로 없었지요. 이러한 답을 내놓기까지 '왜 공부를 해야 하는가?'에 대해 혼자 고민했다는 점이 유의미할 따름입니다. 단언컨대 스스로 공부해야 할 이유를 찾는다면 성적은 자연스럽게 오를 것입니다.

이렇게 자신의 의지로 공부를 시작하면 이제 '어떻게'에 대해 고민하게 됩니다. 자신만의 공부법과 루틴을 만들기도 하고, 고수의 공부법을 찾기 위해 유튜브를 찾아보기도 하고, 자존심을 버리고 친구에게 물어보기도 합니다. 그래도 성적이 안 나오면 '나도 똑같이 노력하는데 왜 저 친구보다 성적이 안 나올까?' '공부하는 방식에 문제가 있는 걸까?' '재능의 문제일까?' 하는 생각이 꼬리에 꼬리를 물다가 '누구에게나 적용 가능한 공부법이라는 것이 과연 존재할까?'라는 의문이 생길 것입니다. 그러다 결국 깨닫게 되지요. 반복적으로 틀리거나 실수하는 문제가 있다면 그냥 넘어가는 것이 아니라 원인을 찾고 기본 개념을 다시 공부해야 한다는 것을요. 편법은 통하지 않고 예습과 복습을 철저히 해야 한다는 것을요. 너무 당연하지만 당연하다는 이유로 간과해왔던 방법에서 답을 찾게 됩니다.

그러나 멘토트리를 찾는 많은 학생들과 학부모들은 좀 더 빠르고 쉽게, 노력을 덜 들여서 좋은 성적을 낼 수 있는 공부법을 배우고 싶어 합니다. 사람마다 성향이 다 다르고, 주어진 환경이 다 다른데 어떻게 천편일률적인 하나의 방법이 통용될 수 있을까요? 명문대에 다니는 선배들의 공부법을 그대로 따라 한다고 해서 똑같은 성적을 낼 수는 없을 것입니다. 따라서 다양한 공부법을 접하고 직접 적용해보면서 자신에게 맞는 방법을 찾는 노력이 중요합니다. 물론 이 과정에 너무 많은 시간과 노력이 들기 때문에 따로 노하우를 얻을 필요는 있지만, 노하우는 말 그대로 노하우일 뿐입니다. 근본적인 해결책은 되지 않습니다.

멘토들은 '무조건 성적이 오르는 공부법' 같은 것은 없다고 강조합니다. 가장 뻔하고, 주변에서 쉽게 들을 수 있는 이야기지만 성적은 노력과 고민에 비례합니다. 수험생들은 누구나 스스로 열심히 공부하고 있다고 생각하지만 '열심'의 기준은 다 다릅니다. 명문대에 붙은 학생들은 열심의 기준을 스스로 정하지 않았습니다. 열심히 한다고 했는데 성적이 잘 안 나온다면 다른 사람보다 공부를 덜했거나, 비효율적으로 했기 때문입니다. 1등을 하고 싶다면 1등보다 더 많이 공부하거나, 더 효율적으로 공부해야 합니다. 이 책을 통해 '공부의 왕도'에 대한 힌트를 얻기를 바랍니다.

김동환

| 차례 |

서문 | 명문대생은 당신처럼 공부하지 않았다 004

1장 명문대생의 공부법 : 왕도는 따로 있다

나의 적은 '나'뿐이다 _서울대학교 차영은 017
공부 리듬을 찾아라 _서울대학교 권오탁 031
버킷리스트를 위한 한 걸음 _홍익대학교 김민지 038
선행학습의 중요성 _포항공과대학교 김도윤 046
운동과 아침식사는 필수 _카이스트 고영현 055
출제원리에 답이 있다 _고려대학교 변범수 064
1장 핵심요약 072

2장 수시 준비 가이드 : 두 마리 토끼를 잡아라

핵심은 교내외 활동 _서울대학교 김지은 081

비교과 활동의 중요성 _카이스트 최일윤 093

성적이 나빠도 좋다 _포항공과대학교 김경범 102

생활기록부, 어렵지 않다 _연세대학교 김이영 109

내신 관리 노하우 _서울대학교 유승주 122

예체능계의 분투기 _서울대학교 박유찬 131

2장 핵심요약 138

3장 자기소개서 : 입시에 전략을 더하다

겸손하지만 당당하게 _서울대학교 이주아 149

꿈을 기록하는 방법 _서울대학교 조은지 159

나의 가치를 믿자 _울산과학기술원 김민현 168

3장 핵심요약 176

4장 면접 : 필승 노하우는 따로 있다

관건은 전공 적합성 _서울대학교 정승원 185

면접은 자신감이 반 _카이스트 김나경 198

구술면접을 두려워 말자 _서울대학교 이민석 206

날 표현할 수 있는 한마디 _카이스트 박창현 214

4장 핵심요약 226

5장 진로 탐색 : 나만의 길을 찾아라

후회 없는 진로 정하기 _울산과학기술원 김순민 239

꿈이 바뀌어도 좋다 _대구경북과학기술원 김효진 246

결과만큼 중요한 과정 _울산과학기술원 오승헌 256

다양한 경험이 핵심이다 _연세대학교 구나혜 261

목표와 용기의 중요성 _한양대학교 김금비 271

5장 핵심요약 276

부록 | 멘토트리가 당신의 꿈을 응원합니다 278

1장

명문대생의 공부법

: 왕도는 따로 있다

"성공하기 위해 지녀야 할 자질이 있는데
이는 명확한 목표, 목표에 대한 지식,
성취하고자 하는 불타는 열망이다."

_나폴레온 힐(Napoleon Hill)

공부하는 이유를 고민해야 하는 이유는 무엇일까요? 저 또한 학창 시절에는 '그냥 해야 하니까.' '남들도 다 하니까.' 등의 이유로 공부를 했습니다. 공부해야 하는 이유에 대한 깊은 고민 없이 말 그대로 그냥 교과서만 붙잡고 있었던 것입니다. 그렇게 항상 애매한 중상위권을 맴돌다 고등학교를 졸업했지요. 재수를 하고, 삼수를 하면서 정말 더 이상 열심히 할 수 없을 만큼 노력했지만 결과는 늘 좋지 않았습니다. '비슷한 성적의 친구들은 의대, 약대에 척척 붙는데 나는 왜 안 될까?' 분노와 좌절에 사로잡혀 의욕을 잃었습니다. 그렇게 결국 아버지께서 가라고 한 대학교에 입학하고 말았습니다.

별다른 생각 없이 대학교에 다니고, 입대하고, 복학을 했습니다. 원하던 대학교가 아니니 의욕이 없었지요. 그러던 어느 날, 우연히 누군가가 지나가는 말로 "현실적으로 도움을 줄 수 있는 유익한 TV 프로그램이 많아지면 좋겠다."라고 이야기하는 것을 듣게 됩니다. 타인의 스쳐 지나가는 그 한마디가 진로를 결정하는 중대한 계기가 되었습니다. 진로에 대해 고민하고 방황하는 청소년들에게 꿈을 심어줄 수 있는 PD가 되고 싶어졌습니다. 꿈이 생기자 삶이 바뀌었습니다. 길을 걷다 방송, PD와 관련된 단어만 들어도 온 신경이 그쪽으로 쏠리고, 꿈을 이룬 미래를 상상하느라 마음 설레 잠도 이루지 못했습니다.

꿈을 이루기 위한 과정이라고 생각하니 지겹게 느껴지던 공부도 즐거워졌습니다. 이처럼 공부해야 할 이유를 찾으면 스스로 공부를 시작하게 되고, 성적은 자연스럽게 따라옵니다. 물론 모든 사람들이 그런 것은 아닙니다. 이유와 목적 없이 전교 1등을 하는 경우도 있고, 목표가 뚜렷한데도 공부가 손에 잡히지 않는 경우도 있겠지요. 그러나 예외는 말 그대로 예외일 뿐입니다. 분명한 것은 공부를 잘할 수 있는 방법을 찾기 전에 '왜' 공부해야 하는지부터 고민해야 한다는 것입니다. 사소한 이유라도 괜찮습니다. 이유를 찾아 스스로에게 동기를 부여해봅시다. 공부법은 그다음 문제입니다. 이번 장을 통해 명문대에 합격한 학생들은 어떻게 스스로 동기 부여를 했고, 목표를 설정했고, 자신만의 공부법을 찾았는지 알아보겠습니다.

나의 적은 '나'뿐이다

서울대학교 차영은

<table>
<tr><td>이름</td><td>차영은</td><td>대학교</td><td>서울대학교</td><td>학과</td><td>경영학과</td></tr>
<tr><td>입학연도</td><td>2017년</td><td>전형</td><td>정시</td><td>수능</td><td>390점</td></tr>
<tr><td>고등학교</td><td>수지
고등학교</td><td rowspan="2">합격
학교</td><td colspan="3" rowspan="2">서울대학교, 연세대학교,
상지대학교</td></tr>
<tr><td>내신</td><td>3.1</td></tr>
</table>

안녕하세요. 영화와 연극, 사진을 좋아하는 서울대학교 경영학과 17학번 차영은입니다. 2017년부터 멘토트리에서 수능 국어 조교로 활동하며 멘티들의 해설, 검수를 돕고 있습니다. 종종 아직도 수능에서 벗어나지 못한 제 자신이 무능해 보이기도 하지만 멘토링을 시작하게 된 이유를 떠올리면 다시, 아니 이전보다 더 열심히 하고 싶어집니다. 제가 힘들었던 입시생활을 버틸 수 있었던 이유는 '사람'이었습니다. 저와 비슷한 아픔을 극복한 선례를 보며 힘을 얻기도 했고, 당장 옆에 있던 사람들이 저를 안아주기도 했습니다.

몸이 자주 아팠던 저는 주변 사람들의 많은 배려와 도움이 필요했고, 실제로 크고 작은 도움을 받아 여러 난관을 극복할 수 있었습니다. 그때의 선의를 돌려주고 싶다는 마음에 멘토링을 시작하게 되었고, 입시 문제로 힘들어 하는 후배들을 위해 이 글을 쓰게 되었습니다.

저는 어렸을 때부터 많이 아팠습니다. 스트레스에 극도로 취약하기도 했지만 기본적으로 몸이 허약해 정신적으로 큰 어려움을 겪었습니다. 외로움도 많이 탔고, 스스로에게 지나치게 박한 사람이었습니다. 이 정도도 이겨내지 못하는 자신이 세상에서 제일 부족하고 못나 보였고, 스스로가 늘 바보처럼 여겨졌습니다. 그래서 '어차피 바보라면 공부 바보가 되자.'라는 생각에 당근 없이 채찍질만 하며 공부시간을 늘렸습니다.

어차피 바보라면 공부 바보가 되자

수험 기간 동안, 특히 재수를 준비하면서 걸릴 수 있는 병은 다 걸려본 것 같습니다. 대상포진, 위염, 감기에 시달렸고, 5월부터 생긴 다리 통증은 허리까지 퍼졌습니다(수능 끝나고 병원에 가보니 디스크라고 하더라고요). 처음에는 한 달마다 가던 병원을 나중에는 매주 가야 할 정도로 무리해서 공부했습니다. 병원에 있는 동안에도 '남들은 지금도 공부를 하고 있겠지?' 하는 생각에 계속 불안했습니다.

사실 저처럼 이렇게 극단적인 상황이 아니더라도 수험생들은 기본적으로 늘 불안합니다. 노력과 공부시간이 성과와 비례하지 않기 때문입니다. 엎친 데 덮친 격으로 코로나19라는 초유의 사태로 수험생들의 심적 불안이 더 커졌습니다. 다음은 코로나19 사태와 관련된 〈한겨레〉 2020년 11월 23일 기사입니다.

"수능이 가까워진 것만으로도 불안한데 코로나까지 심각해지니 두 배로 불안해요. 부모님도 선배들도 모두 겪어보지 못한 상황이잖아요. 어떻게 해야 하는지 물어볼 수도 없고요." 강원도 강릉의 고등학교 3학년생 이형섭(18)군의 가족은 대학수학능력시험을 앞두고 살얼음판을 걷는 기분이다. 이군은 학원이나 독서실에 가지 않고 집에서 공부한다. 부모도 출퇴근 외에는 외출을 삼가고 있다. (…) 수험생들은 수능일이 임박해 코로나19가 재확산되자 혼란에 휩싸였다. 재수생 권혁진(19)군은 "수능이 얼마 남지 않은 상황에서 사회적 거리두기 2단계가 시행되니 안갯속을 헤매는 것처럼 불안하다."며 "수험생 안전이 우선인가, 수능이 우선인가. 이렇게 강행하는 게 맞는지 근본적인 의문이 있다."고 토로했다. 대구에 사는 삼수생 김아무개(20)씨는 "학원에서 급식 먹을 때 마스크 벗는 것도 무섭다."고 했다.

가뜩이나 큰 시험을 앞두고 있는데 환경적인 변수까지 더해지니 부담감이 더 크게 마음을 짓누를 것입니다. 저는 마음이 힘들 때마다 이렇게 생각했습니다. '스스로 통제할 수 없는 일에 대해선 생각하지 말자.' 늘 걱정을 사서 하는 저를 보며 친구가 조언해준 말입니다. 실제로 수험생 신분에서는 할 수 있는 일이 생각보다 많지 않습니다. 힘든 일이 생겨도 흔들리지 말고 자신이 할 수 있는 일에 최선을 다해야 합니다.

긍정적인 생각의 알고리즘은 다양한 상황에서 적용됩니다. 성적이 안 나올까 봐 걱정된다면 어떻게 해야 할까요? 성적은 지금 당장 어떻게 할 수 있는 일이 아닙니다. 그러니 신경 쓰지 말고 공부를 하면 됩니다. 진로 문제로 머리가 아프다면 어떻게 해야 할까요? 그것도 지금 당장 내가 머리를 굴리고 불안감을 느낀다고 해서 해결되는 일이 아닙니다. 그러니 내가 할 수 있는 일, 즉 눈앞에 있는 문제집을 풀면 됩니다. 코로나19로 두려우면 어떻게 해야 할까요? 그냥 묵묵히 마스크를 잘 쓰고, 손을 자주 씻으며 공부에 집중하면 됩니다. 이런 사고의 흐름을 거치면 마음이 한결 차분해질 것입니다.

여기서 핵심은 스스로에게 과도한 부담감을 주지 않고 '현재'에 집중하는 것입니다. 조금만 생각을 달리하면 공부가 불안감을 해소시켜줄 만병통치약이 될 것입니다. 많은 학생들이 저에게 '졸릴 때는 어떻게 해야 하나요?'라고 묻곤 합니다. 억지로 하는 공부는 효과가 없을 것이라는 생각 때문이겠지요. 하지만 애초에 공부에 진심으로 몰입하는 경우는 드뭅니다. 공부는 그저 습관처럼 비슷한 내용을 보고 또 보고, 지루할 정도로 문제를 반복해 푸는 과정입니다. 처음부터 공부에 오롯이 몰두해 집중력을 잃지 않는 학생은 없습니다. 성적이 좋은 학생들은 지루함을 견디는 과정을 반복해 억지로 공부하는 습관을 들였을 따름입니다.

공부는 습관입니다. 믿어지지 않나요? 저 역시 처음부터 1등은 아니었습니다. 학원에서 중간 정도의 성적이었던 저는 지루함을 견디는 훈련을 통해 마지막 시험에서 1등을 할 수 있었습니다. 한순간도 흐트러지지 않는 '완벽한 공부'를 하겠다는 마음에 공부와 점점 멀어지는 우를 범하지 말기 바랍니다. 딴짓을 하고 집중력이 흐트러지더라도 일단 책상 앞에 앉아 있는 습관을 들여야 합니다. '우직함'이라는 습관이야말로 공부 바보를 향한 첫걸음입니다. 공부는 정말로 '엉덩이 싸움'이거든요.

나의 적은
'나'뿐이다

중학교 3학년 때 담임선생님께서 "영은아, 욕심을 가져!"라고 말씀하셨던 기억이 납니다. 그때는 그저 웃으며 얼버무리고 넘어갔지요. '왜 친구들과 경쟁을 해야 하지?'라고 생각했기 때문

공부일기
사용법
舍己從人
사기종인

시간은 나를 위해 멈추어 기다리지 않는다.

10 월

"이번 달 목표"

- ☑ 일일 플래너 매일 꾸준히 작성하기
- ☑ 매일 수I 기출 20문제
- ☑ 스마트폰 자제하기

* 달성할 수 있을 정도의 큰 목표를 잡아봅시다!

2020년 10월

	S	M	T
수학, 미분 프린트 1장 도합 ~40번 ~10/28 수I 매일 15문제 국어: 인수 문제집 채점 숙제) 국어 인수 문제집 기출 문학 고전 ~8번		* 간단하게 해야 할 일이나 기념일, 목표 등을 작성할 수 있어요	
논술(목) 맞춤법 20문제 수학: 프린트 9페이지 정리 문제집 5페이지 영어: 모의고사 1회 한국사: 프린트 정리 미통기 오답노트 매 3 비	4 * 문제집 오답노트 ~~* 수학 숙제~~ * 인수 1, 2: 4강	5 -자습: 기출 16회 -쉬는 시간: 수I 기출 20문제 -한국사 1,400제 -한국사 실화 개념 3 -인수 문학 필기 정리	6 -자습: 기출 17회 -쉬는 시간: 수5 기출 프린트 ㄴ인수 영어 1, 2(6강) -자습: 한국사 1,400제 [야자] ~~-미통기 평가원~~ ~~-한국사 채점~~
* 꼭 마무리해야 할 내용은 이쪽을 이용하시는걸 추천해드려요!	11 수학 정리 * 버스: 인수 독서 * 수학 i) 프린트 정리 ii) 수·다 도함수 활용 2 * 영어: 인수 독해 2 7강까지 지문 분석	12 -자습: 매 3 비 + 수학 미통계 -쉬는 시간: 미통기 수다(2-3) -자습: 생윤 자이 ~25번 -12~14일: 영어 모의고사 50문제	13 -자습: 반드시 기출 18회 한국사 1,400제 -쉬는 시간: 수I 기출 20문제 인수 영어 1, 2 10월 모의고사 보는 날
	18 * 인수 독서 3-3, 4 풀기 이전까지 푼 거 채점 * 한국사 14강 ~~* 영어: 2018 빈칸 6문제~~ * 수학: 수I 기출 프린트 고치기 도함수 2) 프린트 정리	19 -매 3 비, 매 3 문, 인수 문학 4지문 -한국사 인강 -수학 i) 수특 등차·등비 귀납법 ii) 차이 32문제 iii) 미통기 평가원 -영어 인수 1, 2	20 -매 3 비, 매 3 문 인수 -영어 인수 1, 2: 2강 -수학 i) 미통기 수특: 부정적분 ii) 수I 수특: 수열 iii) 미통기 평가원 채점
	25 * 수특(미통기): 함수의 극한 * 한국사 15강 * 모의고사: 국어(2019)	26 -자습: 반드시 기출 19회 -쉬는 시간: 수I 기출 20문제 [야자] -한국사 개념 7강 -인수 화 작 독	27 -자습: 반드시 기출 20회 -미통기 수특 미분계수 -인수 영어 1, 2 -인수 문학 3지문, 화 작 독

"이번 달 되돌아보기"

국(a) 추론 - 일치 · 불일치
- 어울림의 문제: A vs.B (→ 보통 다른 문단의 내용들끼리 결합)
- 연결의 문제: 선후관계 파악 (→ 멋대로 지문 내 선후관계 섞지 X)

국(c)
- 윤동주 ~ "별 헤는 밤": 윤동주는 부끄럼쟁이 → 결말은 희망적
- "고향 앞에서", "낡은 집", "광야", "알 수 없어요"
- 통사구조: 구 & 절 & 문
- 화자는 항상 존재한다!

열심히 살았던 날도 있었고,
열심히 살지 못했던 날도 있었다.
다만 저번 달보다는 열심히 살았음에 감사하고
다음 달에는 더 성장하는 한 달이 되도록 노력하자.

2020. 10. 31

"나에게 한마디"

열심히 노력하면
성공이 기다리고 있을 거야.

* 이번 한 달을 돌아보며
나에게 해주고픈 한마디를 작성해봅시다.

3 주

목표를 낮추지 말고 노력을 높여라.

이번 주 동기 부여 멘트

* 내가 원하는 이번 주
동기 부여 멘트를 적어보세요!

"이번 주 목표"

	S	M	T	W	T	F	S
일일 플래너 매일 꾸준히 작성하기	✓	✓	✓	✓	✓	✓	✓
짧게라도 복습노트 작성하기		✓	✓		✓	✓	
매일 공부시간 9시간 채우기		✓	✓			△	
기출문제 / 모의고사 풀어보기				✓	✓		
수업 내용 확실하게 정리하기	△	✓	✓	✓		✓	△

* 목표를 매일매일 달성했는지
체크해볼 수 있습니다.

10월 3주차

	S	M	T
국어	-국어의 기술 독서편	-수특 문법 개념 끝 i)필기 정리 / 재구성 ii)수업시간에 안 푼 문제들 풀기	-수특 화작 -국(C) 관동별곡 복습 -선택 과제 프린트
수학	-수능다큐 수열의 극한(3장) -수학(D) 노트 정리 -집합 오답노트 정리	-수능다큐 급수(3장 반) (가능하면 함수의 극한까지)	-수능다큐 급수 미분계수와 도함수 -수학(C) 필기 정리
영어	-영어(C) 수업 내용 재구성 -인수 3강 6문제 -Voca 8	-수능 특강 8~10강 -인수 3강 6문제 -Voca 9 (8, 9 test)	~~-인수 3강 6문제~~ -영어(C) 부교재 5문제 -Voca 10
탐구 1 (한국사)	-한국사(수특)	-한국사 인강, 복습	
탐구 2 (윤사)	-중국 고대 사상백지 복습	-서양 중세 사상 사상가들 차이점 정리 -서양 중세 부분 수특 풀기	-노직, 롤스, 왈처 사상 차이 정리! -2020 수능 9월 선지 분석
아랍어		-아랍어 단어 복습	* 일주일간 학습 내용을 미리 계획해 적어봅시다.
되돌아보기	국어 수특에 조금 집중해서 문제 풀이 감이 떨어졌다. 문제 풀이 감각도 놓치지 않게 가끔씩 모의고사 분석해주자!	수학 오답노트 복습을 못했다. 복습하자!	영탐은 나름 열심히 했지만 아직 선지를 판단하는 힘이 약하다. 앞으로 선지 판단에 힘을 기울이자.

이번 주 복습

국(A) "지문 속에 정오의 근거가 반드시 존재한다!"
- A vs. B → 내용 일치 및 추론
- <보기>: 기문의 친척: A 또는 B의 사례
- "정보량이 많은 지문은 정보 간의 긴밀한 관계를 파악하라"
- "언어 자체에 민감해져라" 이해하려 하지마! + 특정 어휘에 주목!
선지에 지문에 나왔던 단어 그대로 나오는 경우도 있다.

국(B) 음운의 변동 -교체
-축약
-탈락
-첨가(~사잇소리 현상)

형태소 < by 의미 / by 진정성
품사 ~중 명사(의존명사 주의)

국(C) "시 감상할 땐 형식 → 내용 ← 표현에 주의하기!"
"가사: 여정 - 견문 - 감상" ~<관동별곡>
-<장수산> 수업
ㄴ옛사람들은 말 돌려하는 거

영(B) -수특 2강 7번 "A restavrant offers a variety of dish
more so is the case with an in."
-영어 교재 2·4강

* 일주일간의 학습 내용 중
중요한 내용이나 자주 실수하는 내용을
정리해 작성해봅시다.
정리 후 틈틈이 복습하는 것을 추천해드려요!

10월 1일

☑	국어: 사실적 사고 ~80	100%
☑	지목(2)	100%
☑	수학: 10/1 과제	90%
☑	수능다큐 ~	90%
☑	수(A) 프린트 ~set 9	100%
△	윤사: 수완 14, 15강	70%
☑	동사: 모의고사 x2	100%
☑	아랍어: 모의고사 x1	100%
☐		%
☐		%
☐		%
☐		%
☐		%
☐		%

* 오늘 하루 해야 할 학습 내용을 정리할 수 있습니다. 목표의 달성도도 기록할 수 있어요!

* 형벌의 목적: 사람들의 행위 통제
→ 공리주의 입장
* 아리 ~분배적 정의
"같은 것은 같게 다른 것은 다르게"
* 노직 ~강탈 ↔ 정당한 소유권이 얻어지는 절차
취득 & 양도
~강제적인 세금 부과 반대 ex) 소득세
But 모든 세금 반대 x cf) 치안세
~국가에 의한 재분배 반대 ex) 복지
But 모든 재분배 반대 x cf) 자선

* 간단한 복습 또는 메모 용도로 사용할 수 있는 칸입니다.

실제	시간	계획
	6	6시 30분 기상
사실적 사고, 10/1	7	-사실적 사고
수(C) 프린트	8	-10/1 과제
	9	-수(C) 프린트
	10	
	11	
윤사 수완	12	윤사 수완
	1	
	2	
	3	
	4	
	5	
아랍어	6	아랍어
동사 모의 x2	7	동사 모의
	8	지목 (2)
	9	
	10	
	11	
	12	
	1	
	2	
	3	
	4	
	5	
	6	
	7	

* 가운데에 점을 30분 단위로 나눠 시간 정리용으로 사용하셔도 좋고 오른쪽은 계획, 왼쪽은 실제 행동을 기록하셔도 좋습니다.

*싱어 - 이익 평등 고려의 원칙: 모든 구성원들의 목소리 반영

*프로테스탄티즘 ~칼뱅주의

: 합리적 생활 태도 강조 합리적 자본주의

*유교 ~도덕적 능력에 따른 직업

*칸트: 절충주의

미와 선 → 형식이 유사 - 이익에 무관심

→ "미는 선의 상징이다."

"미는 선에 기여할 수 없다."

*프로이트: '무의식의 세계', 신을 창조

*부자관계: 상호 공경 X

*공리주의 _ 형벌: 필요악, 최소화

루소 _ " : 사형수는 인간 ≠ 시민 사회의 구성원이길 포기

*소로: 부정의한 법은 어떤 경우에도 복종 X

* 하루 공부 내용을 정리해놓거나

수업 중에 노트 필기용으로 사용하는

일일 학습노트예요.

아래쪽에 오늘의 공부시간을 기록해 놉시다.

총 공부시간

8시간 30분

시험 목표 설정

과목	국어		수학		영어	
기존/목표 점수	95점		95점		90점	
	9 / 2	10 / 13	9 / 2	10 / 13	9 / 2	10 / 13
점수	87	92	92	96	81	87

과목	윤리와 사상		사회·문화		일본어	
기존/목표 점수	50점		50점		50점	
	9 / 2	10 / 13	9 / 2	10 / 13	9 / 2	10 / 13
점수	44	42	47	50	46	47

목표 달성을 위해 이것만은 꼭!

국어: 비문학과 문학 시험장에서 어떻게 풀지 생각하기

수학: 인강 듣고 나서 꼭 복습하기

영어: 단어 하루라도 빼놓지 말고 외우기

탐구: 선지 분석이 전부니까 선지 하나하나에서 최대한 모든 지식을 습득하려 노력할 것

시험일정표

4 D-23	5 D-22	6 D-21	7 D-20
노트 정리 복습하기	[아침 자습] 익힘책: 통계적 추정 [야자] 국어: 홍보전 & 오방탄 문제	[아침 자습] 명랑한 밤길, 남한산성 [야자] 어법 어휘 50문제	[아침 자습] 영어 9, 10과 문제 [야자] 실전 5회 정리
11 D-16	**12 D-15**	**13 D-14**	**14 D-13**
노트 정리 복습하기	[아침 자습] 행렬과 연산 B단계 [야자] 지수 & 로그 B단계	[아침 자습] 국어 화·작 기출 [야자] 독서록 2편	[아침 자습] 영어 11, 12과 문제 [야자] 실전 5회 정리
18 D-9	**19 D-8**	**20 D-7**	**21 D-6**
노트 정리 복습하기 문제집 3회 풀기	[아침 자습] 문제집 풀기 (정적분 활용 8단계)	[아침 자습] 절정 단원 평가 [야자] 단원 평가, 자습서	[아침 자습] 영어 13, 14과 문제 [야자] 실전 5회 정리
25 D-2	**26 D-1**	**27**	**28**
노트 정리 복습하기 국어, 수학 모의고사 풀기	[아침 자습] 국어, 수학 모의고사 풀기 문제집 7회 풀기	국어 시험 목표 점수: 95점 수학 시험 목표 점수: 95점	영어 시험 목표 점수: 90점 윤사 시험 목표 점수: 50점

★시험 일자

27일 : 국어, 수학 시험

28일 : 영어, 윤사 시험

29일 : 사문, 일본어 시험

이번 시험 점수

국어 점수 : 92점　윤사 점수 : 92점

수학 점수 : 96점　사문 점수 : 96점

영어 점수 : 87점　일어 점수 : 87점

8 D-19	9 D-18	10 D-17	
[아침 자습] 영어 단어 암기 [야자] 국어 기출 7회	[아침 자습] 수열의 극한 B단계 [야자] 영어 모의고사 1회	자습서 중단원 보기 기출문제 풀어보기 수학 인강	[쉬는 시간] 수I 오답노트 수열 무한 급수 87제
15 D-12	16 D-11	17 D-10	
[아침 자습] 지수 함수 B단계 [야자] 경제 책 정독	[아침 자습] 소단원 문제 풀기 [야자] 학교 프린트 풀기	어법·어휘 40문제 기출문제 풀어보기 국어 인강	국어 시험 범위 30p - 50p 영어 시험 범위 20p - 35p
22 D-5 지수	23 D-4	24 D-3	
[아침 자습] 지수 함수 B단계 [야자] 영어 모의고사 1회	[아침 자습] 지수 함수 B단계 [야자] 수학 모의고사 1회	실전 4회 문제 풀기 기출문제 풀어보기 영어 인강	수학 시험 범위 50p - 72p
29	30	31	
사문 시험 목표 점수: 50점 일본어 시험 목표 점수: 50점			무언가 얻고자 한다면 포기할 줄도 알아야 한다. 열심히 하자!

* 모의고사, 중간고사, 기말고사 등
시험 일정을 정리하고 체계적으로 준비할 수 있어요!
시험 범위나 성적 등을 적어놓으면
나중에 확인하기도 편하겠죠?

분석 · 시험 되돌아보기

과목	이전 점수	목표 점수	최종 점수	부족했던 점
국어	87점	95점	92점	비문학에서 시간을 너무 많이 사용 문학 고전 단어 모르는 게 너무 많았다.
수학	92점	95점	96점	29번 풀 시간이 그리 많지 않아서 촉박하게 풂 30번을 이제는 공부해서 맞추자 (특히 시간 분배 연습!)
영어	81점	90점	87점	영단어가 너무 부족했다. 파생된 단어의 의미가 명확히 달라지는 것들을 파악·정리 & 순서 연습하기.
윤사	44점	50점	42점↓	원래 알고 있던 사상가의 입장들 중에서 선지로 까다롭게 나온 부분을 파악 X → 기출 통해 해보자.
사문	47점	50점	50점	* 이전 시험의 점수를 적고 이전 시험 점수를 바탕으로 목표 점수를 설정해봅시다.
일본어	46점	50점	47점	그리고 다음 시험의 점수와 비교해보며 부족했던 점, 아쉬웠던 점을 적어 되돌아보는 것을 추천해드려요!

오답노트에 정리해야 할 내용

※ 이번 시험에서 틀렸던 문제들 모두 다 분석하자

a. 처음 풀 때 들었던 생각

b. 왜 그 생각을 하지 못했나

c. 문제 풀 때 필요했던 주요 개념

d. 앞으로 이 같은 문제가 또 나온다면 어떤 방식으로 생각

월간
플래너
先則制人
선 즉 제 인

내가 꿈을 이루면 난

다시 누군가의 꿈이 된다.

월

"이번 달 목표"

- ▢
- ▢
- ▢

년 월
S
M
T

W
T
F
S

“이번 달 되돌아보기”

“나에게 한마디”

월

"이번 달 목표"

- ▢
- ▢
- ▢

년 월
S
M
T

W
T
F
S

"이번 달 되돌아보기"

"나에게 한마디"

주간
플래너
磨斧爲針
마부위침

공부는 시간이 부족한 것이 아니라,
노력이 부족한 것이다.

주

이번 주 동기 부여 멘트

“이번 주 목표”

	S	M	T	W	T	F	S

월 주차	S	M	T
국 어			
수 학			
영 어			
탐 구 1 ( )			
탐 구 2 ( )			
되돌아보기			

W	T	F	S

이번 주 복습

주

이번 주 동기 부여 멘트

"이번 주 목표"

	S	M	T	W	T	F	S

월 주차	S	M	T
국 어			
수 학			
영 어			
탐 구 1 ( )			
탐 구 2 ( )			
되돌아보기			

W	T	F	S

이번 주 복습

주

이번 주 동기 부여 멘트

"이번 주 목표"

	S	M	T	W	T	F	S

월 주차	S	M	T
국 어			
수 학			
영 어			
탐 구 1 ( )			
탐 구 2 ( )			
되돌아보기			

W	T	F	S

이번 주 복습

주

이번 주 동기 부여 멘트

"이번 주 목표"

	S	M	T	W	T	F	S

월 주차	S	M	T
국 어			
수 학			
영 어			
탐 구 1 ( )			
탐 구 2 ( )			
되돌아보기			

W	T	F	S

이번 주 복습

주

이번 주 동기 부여 멘트

"이번 주 목표"

	S	M	T	W	T	F	S

월 주차

	S	M	T
국 어			
수 학			
영 어			
탐 구 1 (　　　)			
탐 구 2 (　　　)			
되돌아보기			

W	T	F	S

이번 주 복습

별책부록에 포함되지 않은 '일일 플래너'는
원앤원북스 블로그에서 제공하고 있습니다.

멘토트리의 스터디 플래너 '공부일기' 정품은
멘토트리 홈페이지에서 판매하고 있습니다.

입니다. 하지만 고등학교에 오니 상황이 달라졌습니다. 공부를 잘하는 아이들이 태반이었고, 대다수가 친구보다는 경쟁자로 인식되었습니다. 학교가 답답해졌고, 고3 때는 외로움과 경쟁심으로 우울감에 시달렸습니다. 그렇게 수능을 망쳤고, 친구들의 합격증 사진을 보기 싫어 SNS 활동을 끊었습니다. 독한 마음을 먹고 재수를 위해 기숙학원에 들어갔습니다.

재수생활은 생각보다 더 힘들었습니다. 혼자서는 절대 버티지 못했을 것입니다. 저를 진심으로 아껴주는 친한 친구들이 자존감을 키워주었고, 용기를 북돋아주었습니다. 그렇게 친하다고 생각하지 않았던 고등학교 친구들까지도 저를 챙겨주었고, 기숙학원 친구들도 버팀목처럼 의지를 불어넣어줬습니다. 몸이 아파 시험을 못 본 날이 정말 많았는데 쪽지와 간식으로 위로를 받아 용기를 낼 수 있었습니다.

주변 사람들의 위로와 응원으로 저는 용기를 낼 수 있었습니다. 그동안 저는 '욕심'과 '건강한 경쟁'을 동의어로 잘못 이해하고 있었습니다. 혼자 비교하고 질투하며 조바심을 냈고, 스스로 자존감을 깎아내렸습니다. 무엇보다 친구들의 합격을 진심으로 축하해주지 못했다는 게 너무 미안했습니다. 재수를 하면서 좋은 인연들을 여럿 놓쳤지요. 깊이 반성하고 고민한 끝에 이런 결론을 내렸습니다.

내가 최고가 되면 된다. 최고가 되려면 상대방이 아닌 나 자신과의 싸움을 해야 하므로 누군가를 미워하고 깎아내릴 이유가 없다.

그렇게 1년 동안 치열하게 공부하면서 더불어 사는 법을 배웠습니다.

플래너가 반이다

시작이 반이라는 말이 있습니다. 저는 플래너가 반이라고 생각합니다. 의지가 약했던 저는 현역 때 독서실을 빼먹기 일쑤였고, 집에서 예능 프로그램과 핸드폰을 보느라 늦게 자곤 했습니다. 당연히 수면시간이 부족했고 학교에서 정말 많이 졸았던 것 같습니다. 자제력이 부족해 재수 때는 일정이 정해져 있고 다른 유혹이 없는 기숙학원을 택했습니다. 확실히 기숙학원에서 12시 취침, 6시 30분 기상을 반복하다 보니 조는 게 많이 줄더라고요. 공부 효율도 올랐습니다. 수능을 100일 앞두고는 6시로 기상시간을 앞당겼고, 수능 당일에는 5시에 일어났습니다. 일찍 일어나는 습관이 몸에 배니 수능 당일에도 졸리지 않았고, 긴장도 하지 않았습니다. 이렇게 기상시간의 중요성을 몸으로 터득하니 동생이 고3이 되자 매일 일찍 일어나라고 잔소리를 하게 되더라고요.

오늘 해야 할 일을 플래너에 정리하는 것으로 하루를 시작했습니다. 플래너의 중요성을 잘 모르는 사람이 많은데, 효율적인 하루를 보내기 위해선 필수라고 생각합니다. 사람은 뭐든 쉽게 까먹습니다. 하루를 쳇바퀴처럼 반복하는 수험생들은 더더욱 그렇지요. 플래너를 기록함으로써 자신이 어떤 길을 걸어왔고, 또 어떤 길을 가야 하는지 이정표를 세울 수 있습니다. 귀찮더라도 매일 빠짐없이 작성하기 바랍니다.

플래너는 가장 간단한 형태의 자서전입니다. 플래너를 쓰기가 부담스러울 수 있지만 나중에 되돌아보면 큰 성취감을 얻게 될 것입니다. 플래너를 쓰는 공식은 따로 없습니다. 형식에 얽매이지 말고 자유롭게 작성하면 됩니다. 저는 대개 수능시간표에 맞춰 과목을 배치했습니다. 습관의 힘은 무섭고 강력하기 때문에 수능시간에 맞춰 매일 간단한 리허설을 한다는 느낌으로 공부했습니다.

이 모든 과정을 알아봐주는 사람은 없습니다. 오롯이 혼자 해야 하는 일이고, 플래너를 성실하게 이행한다고 해서 칭찬해

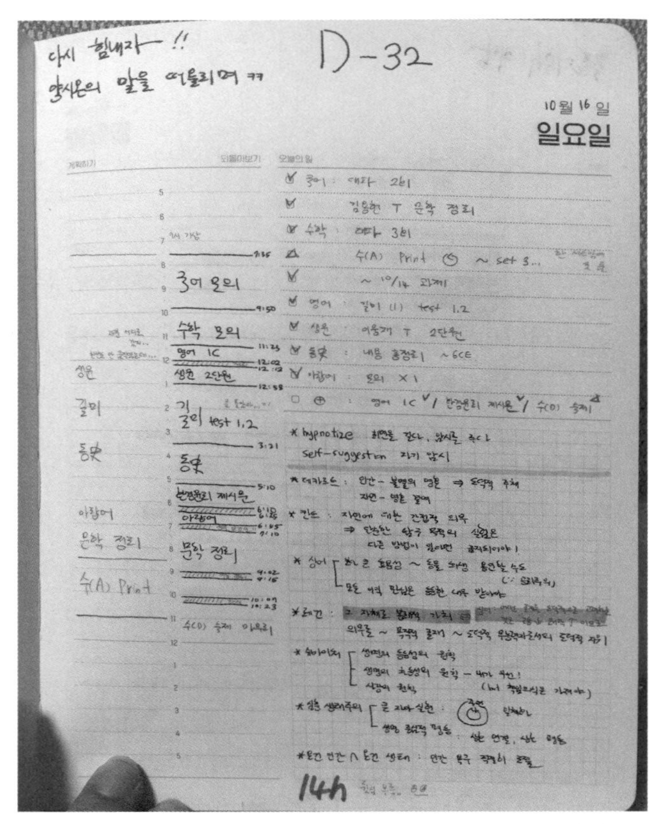

일정을 정리한 플래너. 플래너는 공부 습관을 형성하는 데 큰 도움이 됩니다.

주는 이도 없지요. 매일 플래너대로 공부하는 건 간단해 보이지만 정말 어렵습니다. 하지만 노력은 절대 배신하지 않을 것입니다. 적어도 수능에서만큼은 성실함과 간절함이 재능을 이긴다고 생각합니다.

국어와 영어는 어렵게, 수학은 반복적으로

현역 때 모든 시험을 못 봤던 것은 아닙니다. 하지만 한국교육과정평가원 모의고사에서 늘 쓴맛을 본다는 게 문제였습니다. 그래서 재수를 하면서 조금씩, 그러나 많은 걸 바꿨습니다. 전체적으로는 제 수준보다 높은 난이도의 문제를 푸는 것이 도움이 되었습니다. 특히 국어와 영어는 '양보다 질'이라는 생각으로 되도록 어려운 문제를 공략했습니다. 하나를 풀더라도 제대로 풀기 위해 노력했지요. 특히 기출문제를 정말 중시했는데, 완벽하게 해설할 수 있을 때까지 풀고 또 풀었습니다.

1. 국어

국어는 현역 때 기출문제를 풀지 않고 EBS 지문 분석만 반복해 실전에서 성적이 잘 나오지 않았습니다. 그래서 재수 때는 한국교육과정평가원 모의고사 기출문제를 공부하는 시간을 늘렸습니다. 실전처럼 시간을 정해두고 푼 뒤, 정답만 맞히지 않고 해설 시 지문과 선지를 연결하며 문제를 분석했습니다. 그리고 선생님께서는 제게 최고 난이도인 LEET(법학적성시험) 문제를 풀라고 권유했는데요. 수능과 유형은 비슷하지만 훨씬 더 어려웠기 때문에 실전에서 큰 도움이 되었습니다. 기초가 탄탄하다면 LEET도 풀어보기 바랍니다.

2. 영어

영어는 가장 자신 있었던 과목이라 난이도를 높여 어렵게 공부했습니다. EBS 연계 교재를 다 풀면, 그다음 연계 교재가 나오기까지 경찰대학교 기출문제 중 한국교육과정평가원 모의고사 유형과 비슷한 것들을 풀었습니다. 수능이 다가오면 EBS 연계 교재에서 어려웠던 지문을 암기하거나, 기출문제를 다른 유형의 문제로 바꾸는 등 입체적으로 접근했습니다.

3. 수학

수학은 오로지 '반복'에 초점을 두었습니다. 예전에는 새로운 문제집을 풀어야 한다는 생각에 오답 체크를 소홀히 했는데요. 재수 때는 얇은 모의고사 기출문제집과 학원 문제집, 학원 숙제 세 가지만 파고들었습니다. 대신 문제를 채점할 때마다 다음의 네 가지 방식으로 표시했습니다.

1. ○(완벽하게 앎)
2. ×(틀림)

3. △(맞지만 풀이 불확실)

4. ★(모름)

이렇게 네 가지로 분류해서 채점했는데요. 이 중 '세모(△)'와 '별(★)' 문제는 따로 오답노트에 정리한 후 최소 3번 정도 다시 풀었습니다.

4. 사회탐구

사회탐구 영역은 기출문제집과 EBS 교재 외에는 다른 문제집을 찾기 어렵습니다. 사실 굳이 다른 사설 문제집을 찾을 필요도 없습니다. 갖고 있는 교재만 심층적으로 살펴보면 됩니다. 틀린 문제를 모아서 오답을 정리하고, 문제 형식이나 개념이 독특하다 싶으면 따로 정리하기 바랍니다. 저는 사회탐구 영역의 경우 동아시아사, 생활과 윤리를 선택했는데요. 동아시아사는 연표와 교과서에 집중했고, 생활과 윤리는 기출문제 분석에 집중했습니다.

전 과목 모두 공부한 문제집의 양은 적었지만 어떤 문제 하나 허투루 넘기지 않았습니다. 특히 저처럼 응용이 잘 되지 않는 사람은 일명 '양치기(많은 양의 문제를 푸는 것)'는 지양해야 합니다. 문제를 풀 때마다 해설을 달면 시간은 배로 길어지고, 비효율적으로 느껴질 것입니다. 하지만 기계적으로 풀고 넘어가는 것보다 능동적인 사고를 요구하므로 미리 습관을 들이는 것이 좋습니다. 해설하는 습관을 들이면 시야가 트여 문제를 풀 때 출제원리가 보일 것입니다. 수능은 시간 싸움입니다. 시간에 쫓기지 않기 위해선 아는 문제를 틀리지 않는 정확성이 중요합니다. 해설로 통찰력을 키우고, 수능에서 시간 여유를 확보하면 훨씬 좋은 점수를 얻게 될 것입니다.

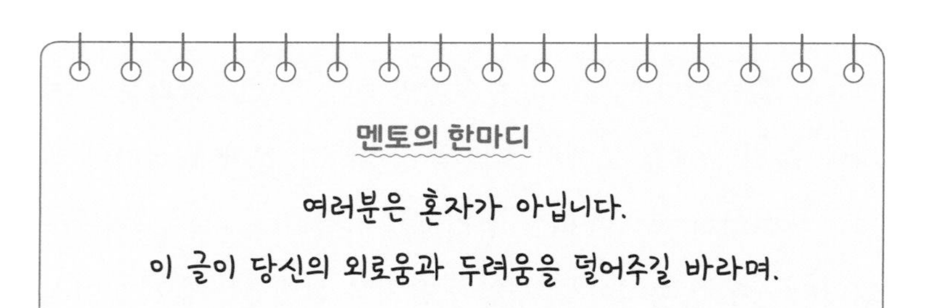

공부 리듬을 찾아라

서울대학교 권오탁

이름	권오탁	대학교	서울대학교	학과	기계항공
입학연도	2012년	전형	기회균형	수능	-
고등학교	-	합격 학교	서울대학교, 카이스트, 포항공과대학교		
내신	1.41				

‘이렇게 열심히 하는데 왜 성적이 오르지 않을까?’ 아마 많은 학생들이 고민하고 있는 문제일 것입니다. 저 역시 이 문제로 마음고생하던 시절이 있었습니다. 그때는 그저 우직하게 공부에 더 많은 시간을 투자하고 간절하게 노력하면 성적이 오를 것이라고 믿었습니다. 그래서 남들보다 늦게 자고, 더 많이 공부하려고 안간힘을 썼습니다. 그렇게 고등학교 1학년 1학기 내신 성적은 평균 4등급을 기록했고, 모의고사 성적 또한 4등급의 늪에서 벗어나질 못했습니다. ‘열심히 하면 언젠간 성적이 오를 거야.’ 하고 막연히 낙관했지만 2학기에도 역시나 성적은 제자리를 맴돌았습니다.

절망스러웠습니다. ‘나는 이렇게 노력하고 애쓰는데 왜 성적은 오르지 않을까?’ 고민의 답은 의외로 간단했습니다. 결과가 나쁜데도 똑같은 공부법만 고집했기 때문입니다. 잘못된 길로 가면 아무리 밤낮없이 걸어도 잘못된 목적지에 도달하게 됩니다. 그제야 ‘아, 내 공부법에 문제가 있구나.’ 하고 깨닫게 되었지요. 그때부터 공부법 노트를 만들기 시작했습니다. 관련 TV 프로그램과 인터넷에 올라와 있는 여러 공부법들을 받아 적으며 나름대로 각각의 장단점을 정리했고, 그 결과 저에게 맞는 학습 스타일을 찾아낼 수 있었습니다. 2학년 1학기부터 거짓말처럼 성적이 수직 상승해 전교 1등을 하게 되었지요. 이처럼 들인 노력과 투자한 시간 대비 성적이 잘 나오지 않는다면 과감히 방법을 바꿔야 합니다.

장소부터 구분하자

공부는 재미가 없습니다. 아마 대부분 공감할 것입니다. 이 부분은 전교 1등도, 전교 꼴등도 마찬가지입니다. 공부는 정말 재미가 없습니다. 왜냐하면 세상에는 공부보다 재밌는 것들이 너무 많기 때문입니다. 게임, 웹 서핑, 예능 프로그램, 드라마 등 나열하면 끝을 헤아릴 수가 없지요. 하다못해 시험 기간에는 시사 프로그램마저도 재밌습니다.

그런데 만약 이런 것들이 바로 옆에서 나를 유혹한다면 어떻게 될까요? 성현과도 같은 인내력을 발휘하지 않는 이상 쉽게 흔들릴 것입니다. 먼저 솔직히 인정합시다. 자신의 나약함을 솔직하게 인정하고 '이 정도 유혹은 이겨낼 수 있어.'라고 과신하지 맙시다. 우리는 언제든지 유혹에 넘어갈 수 있는 평범한 사람들입니다. 그러니 세상의 모든 재밌는 것들에서 멀어져야 합니다. 수험생을 가장 힘들게 하는 공간은 바로 집입니다. 집은 참 편안하지요. 컴퓨터, TV, 침대 등 없는 것이 없습니다. 그래서 저는 '공부하는 장소'와 '쉬는 장소'부터 구분 지었습니다.

집은 휴식 공간이고, 학교와 도서관은 공부하는 공간입니다. 유혹에 흔들리기 쉬운 집에서 억지로 공부하려고 하면 오히려 스트레스만 유발됩니다. 그래서 학교와 도서관에서만 공부했습니다. 다행히 기숙사 생활을 했기 때문에 주중에는 학교에서 온전히 공부에 집중할 수 있었고, 주말에는 항상 버스를 타고 1시간 정도 떨어진 도서관에서 공부를 했습니다. 왕복 2시간 거리였기 때문에 버스에서는 영어 듣기를 연습했는데요. 이러한 자투리 시간이야말로 영어 듣기를 연습하는 최적의 타이밍이라고 생각합니다.

공부 리듬이 중요한 이유

성적을 올리기 위해선 자신만의 공부 리듬를 찾아야 합니다. 사람들에게는 각자 자신만의 공부 리듬이 있습니다. 예를 들어 수학 문제가 잘 풀리는 시간이 따로 있고, 암기가 잘 되는 시간,

졸린 시간, 집중이 잘 되지 않는 시간 등이 저마다 다릅니다. 이 공부 리듬을 찾아내 시간을 적절히 분배한다면 효율적으로 성적을 올릴 수 있습니다. 그러려면 새벽까지 공부하거나, 아침 일찍 일어나서 공부하거나, 시간대별로 과목을 바꿔서 공부하는 등 자신만의 공부 리듬을 찾기 위해 노력해야 합니다.

저는 이른 아침보다 늦은 밤과 새벽에 공부가 잘 되는 편이었고, 오전에는 앉아만 있으면 무조건 조는 반면 오후에는 집중이 잘 되었습니다. 그리고 저녁 7~8시는 졸음이 쏟아졌지만 8시 이후로는 집중력이 다시 좋아졌지요. 이렇게 공부 리듬을 깨닫게 되니 시간대별로 공부할 과목을 분배하기 용이했습니다. 우선 수학 문제를 풀거나 영어 단어를 암기하는 등 집중이 잘 되는 분야는 졸린 시간대에 공부했고, 상대적으로 지루한 언어, 외국어 등은 가장 집중력이 좋은 시간대에 공부했습니다. 이런 식으로 시간을 분배하니 같은 시간을 공부하더라도 최적의 효율을 낼 수 있었지요.

이와 같이 효율적인 학습을 위해선 각자 자신에게 맞는 공부 리듬부터 찾아야 합니다. 모든 사람에게 통용되는 '절대적인 공부법'이 따로 없는 이유가 여기에 있습니다. 전교 1등이 새벽에 영어 단어를 암기한다고 해서 꼭 그대로 따라 할 필요는 없습니다. 암기가 잘 되는 시간, 즉 영어 단어에 집중이 잘 되는 시간이 다 따로 있기 때문입니다. 수험은 장기 레이스이므로 시간 대비 효율을 높이는 데 집중할 필요가 있습니다.

틀리는 걸 즐겨라

같은 시간 동안 20문제를 풀어서 20문제를 다 맞힌 사람과 10문제를 틀린 사람 중 누가 더 공부를 많이 했다고 할 수 있을까요? 저는 후자라고 생각합니다. 물론 실전이라면 전자가 좋겠지만 공부라면 후자가 훨씬 낫습니다. 공부를 하는 이유는 내가 모르는 것을 더 많이 배우기 위해서입니다. 하지만 많은 사람들이 문제를 풀 때 답을 맞히면 좋아하고 틀리면 슬퍼합니다. 시험이 아닌 이상 틀리는 것을 겁내면 안 됩니다. 어떤 문제를 틀린다는 것은 내가 배울 것이 생겼다는 의미이기 때문입니다.

한 문제를 틀리고 내가 그 문제를 왜 틀렸는지, 어떻게 푸는 문제였는지 깨닫게 될 때 비로소 실력이 향상됩니다. 그래서 자주 틀리는 문제는 따로 모아 완벽히 이해가 될 때까지 파고들어야 합니다. 대충 얼버무리고 넘어가면 말짱 도루묵이 될 뿐이지요. 틀리는 것을 즐기고, 틀린 문제를 철저하게 내 것으로 만들려는 자세를 갖추면 성적은 저절로 올라갑니다. 더불어 사람은 망각의 동물이기 때문에 틀린 문제는 오답노트에 정리하기 바랍니다. 오답노트에 적힌 문제들을 수십 번 되새겨야 완벽히 내 것으로 만들 수 있습니다.

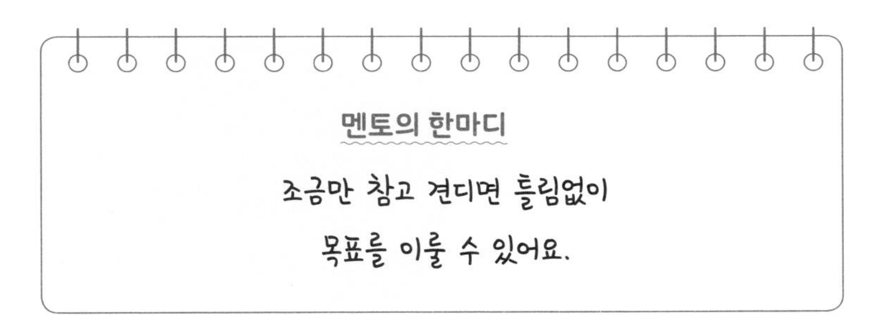

버킷리스트를 위한 한 걸음

홍익대학교 김민지

<table>
<tr><td>이름</td><td>김민지</td><td>대학교</td><td>홍익대학교</td><td>학과</td><td>산업
디자인학과</td></tr>
<tr><td>입학연도</td><td>2015년</td><td>전형</td><td>수시</td><td>수능</td><td>-</td></tr>
<tr><td>고등학교</td><td>대원여자
고등학교</td><td rowspan="2">합격
학교</td><td rowspan="2" colspan="3">홍익대학교</td></tr>
<tr><td>내신</td><td>-</td></tr>
</table>

안녕하세요. 저는 홍익대학교 산업디자인학과를 졸업하고 현재 디자이너로 일하고 있는 김민지입니다. 저는 어릴 적부터 '귀여운 무언가'를 볼 때면 가슴이 설레고 행복했습니다. 늘 귀여운 캐릭터, 귀여운 기념품 등 귀여운 것들로 세상을 가득 채우고 싶었지요. 제 눈에 못생겨 보이는 물건이 있으면 '이렇게 만들면 더 귀여웠을 텐데.' 아쉬워하곤 했습니다. 그래서 자연스럽게 디자이너를 꿈꾸게 되었습니다.

긴 행복을 위한
잠깐의 노력

저는 일찍부터 산업디자인학과를 목표로 미대 입시를 준비했습니다. 그림 그리는 것을 좋아했고, 귀여운 물건에서 눈을 떼지 못했기 때문에 처음부터 목표는 확고했습니다. 제가 진심으로 행복하고 즐길 수 있는 분야에서 일하고 싶었지요. 하지만 꿈을 이루기 위해서는 좋은 스승님 밑에서 실력을 쌓고 관련 회사에 취직하는 등 몇 가지 절차를 거쳐야 했습니다. 그래서 먼저 남들에게 인정받을 수 있는 좋은 대학에 가야 했지요.

좋은 대학교는 학생을 어떻게 선발할까요? 당연히 훌륭한 성적과 다양한 스펙을 갖춘 고등학생을 원하기 마련입니다. 제가 원하는 분야에서 행복한 삶을 살려면 어느 정도 실력이 뒷받침되어야 했습니다. 이것이 제가 공부를 했던 가장 큰 이유입니다. 하고 싶은 일을 하려면 좋은 회사에 가야 했고, 좋은 회사에 가려면 좋은 대학교에 가야 했고, 좋은 대학교에 가려면 그에 걸맞는 좋은 인재가 되어야 했고, 좋은 인재가 되기 위해선 공부를 해야 했습니다.

디자이너를 지망하는 저에게 홍익대학교는 배울 점이 참 많은 곳이었습니다. 저는 공부를 무척 싫어했지만, 미래의 행복을 위해 눈을 딱 감고 책상 앞에 앉았습니다. 지금 제가 원하는 회사에서 행복하게 일할 수 있게 된 이유가 바로 그 '잠깐의 노력'에 있다고 생각합니다.

가장 기본은 예습과 복습

기왕 공부하기로 마음먹었다면 '제대로' 해야 합니다. 공부 잘하는 친구들은 다 한다는 예습과 복습도 철저히 해야겠지요.

그런데 솔직히 하기 싫을 것입니다. 예습과 복습을 하기 위해선 쉬는 시간 10분마저도 공부에 할애해야 하는데, 쉬는 시간 없이 그렇게 공부만 하기가 쉽지 않거든요. 그래서 생각의 전환이 필요합니다. 사실 예습과 복습에 가장 도움이 되는 방법은 실제로 공부를 그렇게 하는 친구, 즉 쉬는 시간 없이 공부에 몰두하는 친구를 사귀는 것입니다. 같이 노는 친구가 쉬는 시간에 놀지 않고 공부하고 있으면 옆에서 '음, 나도 같이 해볼까?'라는 생각이 절로 들 것입니다. 반대로 같이 노는 친구가 쉬는 시간마다 매점에 가거나, 산책을 하러 나가면 '나도 따라갈까?' 하는 유혹에 휩싸이겠지요.

교우관계를 바꾸기 어렵다면 주변 친구들에게 '자극을 받는 사람'이 아니라 '자극을 주는 사람'이 되면 어떨까요? 쉬는 시간에 공부함으로써 친구들에게 내가 공부하기로 마음먹었다는 것을 알리고, 그들도 함께 공부할 수 있도록 유도하는 것입니다. 처음에는 핀잔을 들을 수도 있지만 향상된 성적으로 예습, 복습의 효과를 증명한다면 친구들도 결국 따라오게 될 것입니다.

사실 공부 잘하는 친구들이 입에 달고 사는 예습, 복습이 그렇게 대단한 것은 아닙니다. 예습은 그냥 수업 시작 전에 앞으로 배울 부분을 미리 읽어보는 것이고, 복습은 오늘 배운 부분을 다시 읽어보는 것입니다. 배울 부분을 예습하면 수업 때 자신감이 붙어 의욕이 샘솟고, 배운 부분을 복습하면 수업을 확실히 이해했다는 생각에 성취감이 샘솟습니다. 방법도 어렵지 않습니다. 다음은 효과적인 예습을 위한 네 가지 방법입니다.

1. 수업할 교재의 목차를 훑어본다.
2. 해당 목차에서 강조되거나 반복되는 단어들을 살펴본다.
3. 본문을 읽는다.
4. 주요 내용을 키워드로 요약한다.

예습과 선행학습은 다른 개념입니다. 선행학습이 교과 진도를 뛰어넘어 심화학습을 하는 것이라면, 예습은 미리 배울 내용의 핵심만 살펴보는 것입니다. 다음은 효과적인 예습을 위한 세 가지 방법입니다.

1. 노트 필기에서 부족한 부분을 다시 채운다.
2. 수업 내용의 핵심 키워드를 다시 학습한다.
3. 문제풀이를 통해 취약점을 찾고 보완한다.

일단은
'스펙'부터

앞서 말했듯이 저는 공부가 정말 싫었습니다. 책상 앞에 가만히 앉아 있기가 힘들었고, 억지로 관심도 없는 국영수를 공부하기가 싫었습니다. 그래서 공부로는 최고의 성적을 내기 어려울 것 같아 스펙 쌓기에 집중했습니다. '여러 가지 다양한 분야에서 탁월한 모습을 보여주면 어떨까?'라는 생각에 교내외 활동에 적극 참여했습니다.

다들 미대에 지원한다고 하면 무언가를 그리거나 만드는 활동만 스펙으로 유의미하다고 생각하지만, 저는 보다 다양한 분야에서 경험을 쌓고자 노력했습니다. 반 회장, 부장 등의 리더십 관련 활동부터 교내 잡지에 미술 전시회 후기 글을 올리는 등 최대한 활동의 폭을 넓혔습니다. 어차피 미대에 지원하는 사람들은 어느 정도 미술과 관련된 교내외 활동(교내 사생대회, 벽화봉사 등)을 하기 마련입니다. 저는 좀 더 개성 있고 특별한 인재로 보이고 싶었습니다. 다른 학생들과 차별화될 수 있는 저만의 장점을 만들기 위해 노력했습니다.

예를 들어 다양한 교내외 활동은 '미술도 관심 있고 잘하지만 저는 리더십이 있고 글도 쓸 줄 아는 사람입니다. 남들보다 다양한 시각으로 디자인을 할 수 있을 것입니다.'라는 식으로 입학사정관에게 '나'를 내세우는 데 큰 도움이 됩니다. 이렇게 자신만의 특색을 살릴 수 있는 교내외 활동에 적극적으로 참여한다면 자기소개서가 보다 풍성해질 것입니다. 경쟁자들을 압도할 수 있는 성적과 실기 실력이 없다면 스펙 쌓기에 집중하기 바랍니다.

수험생에겐
굳건함이 미덕

저는 대학교를 졸업하기도 전에 원하던 회사에 취직할 수 있었고, 지금도 그 회사를 열심히 다니고 있습니다. 어릴 적부터 버킷리스트에 있었던 회사였기 때문에 하루하루 만족스럽게 일하고 있지요. 소위 '성덕(자신이 좋아하는 분야에서 성공한 사람)'의 길을 걷고 있습니다. 대학교에 들어간 이후로는 공부를 그다지 열심히 하지는 않았습니다. 고등학교 때 질리도록 한 공부를 더 이상 하기 싫었거든요. 덕분에 교양 성적은 항상 바닥을 기었습니다. 하지만 제가 좋아하는 전공만큼은 열심히 해서 성적이 좋았습니다.

제가 원하는 곳에 취직할 수 있었던 이유는 사회적으로 인정받는 대학교에서 공부하고, 좋은 교수님들과 학생들 사이에서 실력을 쌓을 수 있었기 때문입니다. 하고 싶은 일이 따로 있어 공부가 손에 잡히지 않나요? 국영수 등 고등학교에서 배우는 과목이 꿈과 직접적인 관련이 없다고 생각되나요? 그렇다면 생각을 바꿔 꿈을 이루기 위해서라도 공부에 집중하기 바랍니다. 원하는 분야에서 성공하기 위해서는 반드시 공부해야 합니다. 좋은 환경에서 좋은 사람들과 함께하기 위해서라도 공부를 손에서 놓지 말기 바랍니다.

고등학교 때 제일 필요한 마음가짐은 '굳건함'인 것 같습니다. 어차피 더 흥미로운 유혹은 대학교에 들어가면 잔뜩 있습니다. 고등학교 때는 굳건한 마음으로 공부에 정진하도록 합시다. 잠깐만 인내하면 행복한 삶을 살 수 있습니다.

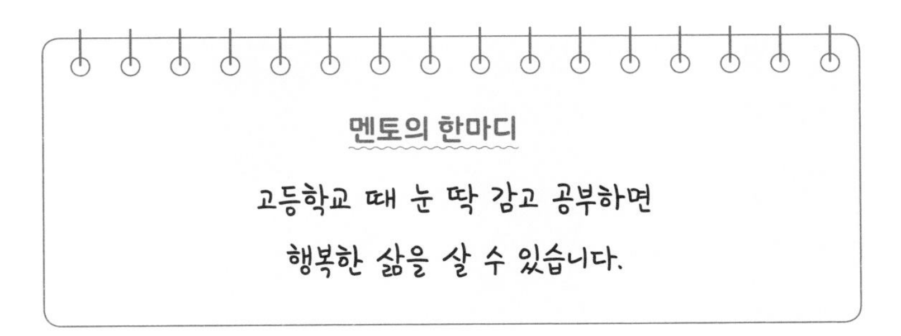

선행학습의 중요성

포항공과대학교 김도윤

<table>
<tr><td>이름</td><td>김도윤</td><td>대학교</td><td>포항공과 대학교</td><td>학과</td><td>화학과</td></tr>
<tr><td>입학연도</td><td>2019년</td><td>전형</td><td>일반</td><td>수능</td><td>-</td></tr>
<tr><td>고등학교</td><td>충남과학 고등학교</td><td rowspan="2">합격 학교</td><td colspan="3" rowspan="2">포항공과대학교</td></tr>
<tr><td>내신</td><td>-</td></tr>
</table>

안녕하세요. 저는 포항공과대학교 19학번 김도윤입니다. 중학교 2학년 무렵, 우연히 한 권의 철학책을 접하면서 세상에 대해 탐구하고 싶다는 생각에 푹 빠지게 되었습니다. 이후 운 좋게 과학고등학교에 입학할 수 있었고, 많은 시행착오를 겪었지만 학업에 전념해 2년 만에 포항공과대학교에 조기 입학하게 됩니다.

현재 저는 대학 교수가 되기 위해 포항공과대학교 화학과에서 학업에 집중하고 있습니다. 제 인생의 최종 목표는 청소년들에게 긍정적인 도움을 준 교육자로 기억되는 것입니다. 배움의 기회가 부족한 학생들에게 어떤 형태로든 도움을 줄 수 있다면 그것만큼 값진 인생은 없을 것이라고 생각합니다.

진로 고민과 연계한 입시 전형 설계

우리나라의 대학 입시 전형은 크게 수능 점수로 대표되는 '정시'와 고등학교 성적 및 생활기록부로 대표되는 '수시'로 나뉩니다. 흥미롭게도 고등학교 특성에 따라 입시의 형태가 달라지는데요. 예를 들어 제가 나온 과학고등학교는 대부분 정시가 아닌 수시로 대학을 가고 있습니다. 그래서 아직 중학생이라면 이 점을 숙지하고 본인이 갈 고등학교를 고르는 게 우선이라고 생각합니다.

저는 중학교 때부터 수능에 대한 막연한 두려움이 있었습니다. 중학교 3학년 때까지 수능 공부를 해보지 않은 탓도 있지만, 그보다도 수시보다 우연성이 크게 개입한다는 생각에 거부감이 들었습니다. 또한 주변 분위기에 쉽게 휘둘리는 성격이었기 때문에 좋은 환경에서 공부하고 싶은 마음이 컸습니다. 그래서 과학고등학교에 진학하게 됩니다.

입시 전형에 대한 고민은 언제 해도 늦지 않습니다. '어차피 자주 바뀌니까 지금 봐도 소용없지 않나요?'라고 생각할 수도 있지만 그렇지 않습니다. 입시 전형에 대한 고민은 자연스럽게 진로 고민으로 이어져 꿈을 설계하는 데 큰 도움이 됩니다. 예를 들어 A대학교 B학과를 목표로 한다면 그 학과의 입시 비중을 살펴봐야 할 것입니다. 제가 재학 중인 포항공과대학교처럼 수시 100% 선발이 있는 특수한 학교도 있으니 미리 알아두어야 합니다. 정말 나중에 입시 전형이 바뀐다고 해도 100%가 80~90%로 바뀌는 정도일 뿐 갑자기 0%가 되지는 않을 것입니다. 이렇게 입시 전형을 살펴본 후 본인이 더 자신 있는 입시 전형을 고르면 됩니다.

가장 중요한 건 선행학습이다

저는 공부를 잘하기 위해선 선행학습이 반드시 필요하다고 생각합니다. 특히 수학은 선행학습이 필수적입니다. 중3 겨울방학 때 고등학교 수학 개념서를 어느 정도 미리 학습하고 고등학교에 들어갔지만, 그럼에도 불구하고 따라가기가 무척 힘들었던 기억이 납니다. 대학 입시에서 요구하는 수학 실력은 '좋은 문제'를 많이 풀면 저절로 터득됩니다. 여기서 '좋은 문제'란 새로운 접근을 요구하는 문제를 의미합니다.

고등학교 1학년 겨울방학 때는 매일 독서실을 다니며 온종일 미적분과 씨름했습니다. 방학 기간 동안 시중에서 쉽게 구할 수 있는 문제집과 학원에서 구한 절판된 문제집까지 총 7권의 문제집을 풀었습니다. 문제집마다 겹치는 문제들이 많았기 때문에 문제풀이는 날이 갈수록 쉬워졌지요. 그러나 과학고등학교 최상위권 학생들은 대개 중학교 때부터 미적분을 선행학습하기 때문에 저는 많이 늦은 경우였습니다. 선행학습이 중요한 이유는 이처럼 선행학습 여부에 따라 출발선이 달라지기 때문입니다.

참고로 고등학교 3년이라는 제한된 시간 안에 남들보다

뛰어난 실력을 갖추려면 사교육을 통해 선별된 문제를 선택적으로 풀어보는 것이 좋습니다. 사교육에 전적으로 의존하는 것은 좋지 않지만, 사교육을 실력 향상을 위한 촉매제로 삼는다면 단기간에 효과적으로 성적을 올릴 수 있을 것입니다.

깨어 있는 시간을 최대한 활용하라

내신 공부를 하든, 수능 공부를 하든 고등학교에 들어가면 중학교 정규 과정과는 달리 정말 많은 공부량을 소화해야 합니다. 따라서 철저한 시간 관리가 필수적인데요. 제가 실천했던 세 가지 시간 관리 방법을 소개하겠습니다.

1. 아침엔 플래너를 작성하라

등교 후 아침 자습시간이 되면 그날 하루 치 공부 계획을 짜기 바랍니다. 그날 공부할 수 있는 시간대에 따라 공부할 내용을 미리 분배하기만 하면 됩니다. 어떤 공부를 어디까지 해야 하는지 사전에 점검한다면 보다 선명한 목표 의식을 가지고 공부에 집중할 수 있을 것입니다. 이때 실천 가능한 목표를

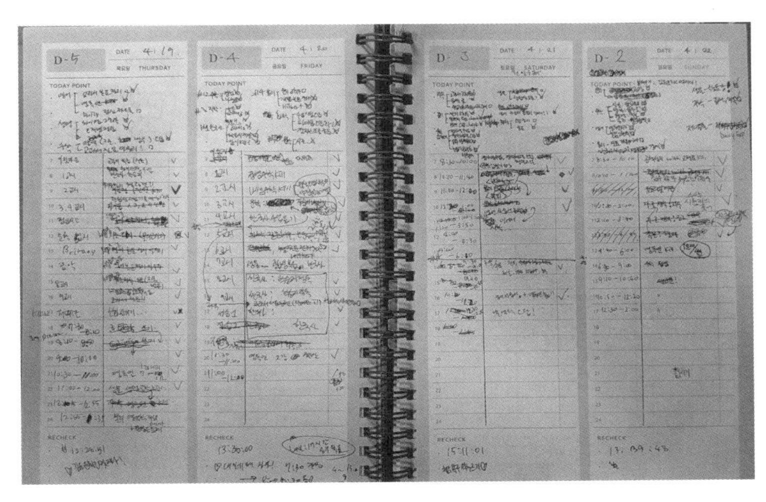

매일 아침 정리한 플래너. 공부 계획을 짜는 습관이 중요합니다.

구체적으로 작성하면 좋은데요. 예를 들어 '19:30~22:00 미적분II 1단원 정복'보다는 '19:30~20:00 미적분II 1단원 예제 풀기' '20:30~22:00 미적분II 1단원 연습문제 1~10번 풀기' 등이 적합합니다.

2. 자투리 시간을 활용하라

저는 기숙사 생활을 했는데요. 그래서 이동에 드는 시간을 최소화할 수 있었고, 통학하는 학생보다 자투리 시간이 많았습니다. 예를 들어 점심시간이나 저녁시간도 무시할 수 없을 만큼 긴 시간입니다. 밥을 먹고 그냥 쉬는 게 아니라 그 시간을 공부에 활용한다면 실력 상승에 큰 도움이 될 것입니다. 때때로 선생님 사정으로 수업 중에 자습시간이 주어지기도 하지요. 그러한 자투리 시간도 공부에 활용하기 바랍니다.

3. 집중한 시간을 재라

초시계를 이용해 순수하게 공부에 집중한 시간을 재면 공부시간을 수치화할 수 있습니다. 공부시간을 측정하면 생각보다 많은 시간이 낭비되고 있다는 것을 알게 될 것입니다. 자신의 집중력에 따라 '단위 공부시간'을 정해두고 계획을 짜는 것도 좋은 방법입니다. 저는 집중력이 유지되는 시간이 50분이었습니다. 그래서 50분마다 쉬는 시간을 배치해 효율성을 높이고자 노력했습니다.

졸음을 다루는 방법

기숙사 생활을 하면서 체력적으로 참 힘들더라고요. 매일 아침 6시 45분에 기상해서 잠자리에 들 때까지 안 졸고 공부만 할 수 있다면 좋겠지만 기계가 아닌 이상 불가능한 일이지요. 줄어든 수면시간을 극복하는 것이 첫 번째 관문이었습니다.

잠을 줄이기 위해 여러 방법들을 활용했는데요. 우선 하루 한 잔씩 커피를 마셔봤습니다. 나름 효과적인 방법이었지만 날이 갈수록 커피의 효과가 떨어지고 졸음이 몰려왔습니다. 커피를 두 잔, 세 잔으로 늘리니 다시 잠이 확 깨더라고요. 그런데 문제는 '깨어 있지만 깨어 있지 않은 기분'이 들어 결국 포기했습니다.

제가 추천하는 방법은 낮잠을 자는 것입니다. 많은 사람들이 낮잠을 자면 게으르다는 선입견을 품고 있습니다. 저 또한 그랬지요. 그러나 하루 15분 정도의 낮잠은 뇌에 커다란 휴식을 제공한다고 합니다. 낮잠이 기억력 증진에 도움이 된다는 연구 결과도 있습니다. 다음은 〈내외뉴스통신〉의 2020년 1월 6일 기사입니다.

> 하루 수면시간이 6시간 미만이면 고혈압, 심혈관질환, 골다공증 등 각종 질병에 걸릴 확률이 높다. (…) 낮잠의 효과는 심혈관질환 예방, 다이어트, 폭식 예방, 기억력 증가, 학습 효과 상승, 면역력 강화, 피부 개선 등 각종 질환을 방지할 수 있다고 한다.

저는 정말 자고 싶을 때는 책상에 엎드려 15분 동안 낮잠을 잤습니다. 침대 없이 잠들기 힘든 타입이라면 잠시 '멍 때리기'도 좋습니다. 쉬는 시간에 자리에 앉아 멍을 때리며 머리를 쉬어주면 정신이 맑아질 것입니다. 매일 흐트러짐 없이 열심히 공부하기 위해서는 밤에 같은 시간에 자는 것이 좋습니다. 저는 자습실에서 공부하다가 새벽 2시가 되면 무조건 방에 들어갔습니다. 밤새워 공부하고 뿌듯해 하는 친구들도 많았지만, 다음 날까지 흔들리지 않고 공부하는 괴물 체력을 가진 친구는 한 사람도 보지 못했습니다. 공부는 단기간에 몰아서 하는 것이 아니라 꾸준히 열심히 하는 것입니다.

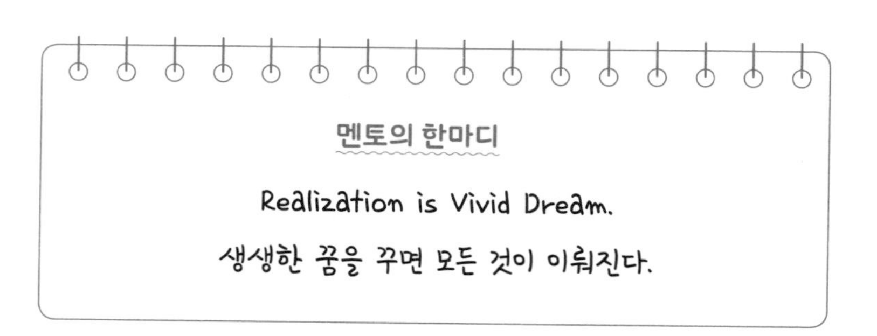

운동과 아침식사는 필수

카이스트 고영현

이름	고영현	대학교	카이스트	학과	신소재 공학부
입학연도	2019년	전형	일반	수능	-
고등학교	충남과학 고등학교	합격 학교	카이스트, 포항공과대학교, 연세대학교, 고려대학교, 성균관대학교		
내신	2.7				

안녕하세요. 충남과학고등학교를 조기 졸업하고 현재 카이스트 신소재공학부에 재학 중인 고영현입니다. 한때 저는 학교 수업을 따라가기 힘들고, 다른 친구들보다 부족한 점도 많다는 생각에 진지하게 고등학교 자퇴를 고려했었는데요. 하지만 피나는 노력 끝에 결국 잘 적응해 무사히 졸업하고 현재에 이르게 되었습니다. 지금은 과거의 저처럼 고등학교 생활에 어려움을 겪고 있는 친구들을 돕고자 멘토링 활동을 하고 있습니다. 이 글을 통해 저와 비슷한 어려움을 겪고 있는 학생들이 조금이라도 용기를 갖게 되길 바랍니다.

저는 중학생 때까지 기자를 꿈꾸며 매년 다독상을 놓치지 않았습니다. 그야말로 '문과형 인간' 그 자체였지요. 그런데 중학교 3학년 때 우연히 학원 선생님의 권유로 지원한 과학고등학교에 덜컥 합격하면서 목표가 급변하게 됩니다. 이전에는 막연히 신문방송학과에 진학하고 싶다는 생각뿐이었는데, 갑자기 이과형 인재가 되려니 참 어려움이 많았습니다. 열심히 준비했지만 중학생 때부터 과학고등학교를 목표로 선행학습을 한 친구들에 비하면 제 실력은 새 발의 피에 불과했습니다. 특히 수학은 단기간에 따라잡기가 어렵더라고요.

다항함수의 미적분만을 겨우겨우 익힌 저에게 고등학교에서 배우게 된 초월함수의 적분은 정말 높은 벽이었습니다.

암담한 현실에 부딪혀 자퇴를 각오하는 지경에까지 이르렀지요. 다행히 첫 시험에서 예상보다 높은 성적을 받아 자신감을 찾게 되었고, 조기 졸업을 목표로 공부에 정진했습니다. 이 과정에서 어려운 문제를 풀었을 때의 희열감과 성취감을 깨닫게 되었습니다.

저에게 동기의 요인은 위기감, 승부욕, 재미였습니다. 여러분의 동기는 무엇인가요? 꼭 꿈처럼 이상적이고, 취직처럼 현실적인 것이 아니어도 됩니다. 공부의 원동력이 되는 자신만의 동기를 찾기 바랍니다.

운동과 아침식사

체력은 집중력과 공부량을 결정하는 중요한 요소입니다. 체력이 부족하면 집중력이 떨어지고, 공부량을 늘릴 수 없습니다. 체력 관리를 위해서는 꾸준히 운동을 하고 아침식사를 거르지 말아야 합니다. 운동은 신진대사를 활발하게 해주며, 집중력 향상에 도움을 주고, 장기적으로는 체력 강화에 도움이 됩니다. 제가 즐겼던 운동은 배드민턴이었는데요. 2~3시간씩밖에 자지 못했던 시기에도 짬을 내 배드민턴을 칠 정도로 즐겼습니다. 공부를 위해 무작정 운동시간을 줄이기보다는 공부에 지장이 가지 않을 정도로만 강도를 줄이는 편이 낫습니다. 당장은 귀찮고 힘들겠지만 집중력 유지와 체력 향상에 큰 도움이 될 것입니다.

세계보건기구는 장시간 앉아 있는 좌식 생활이 반복되면 사망률이 크게 오르기 때문에 적절한 운동이 필요하다고 발표했습니다. 매일 하루 10시간 이상 앉아서 생활을 하는 경우 30~40분간 운동할 것을 권고했는데요. 하루 종일 책상 앞에 앉아 있어야 하는 수험생 역시 건강을 지키기 위해서라도 반드시 운동을 병행해야 합니다. 세계보건기구는 30~40분씩 운동을 할 수 없다면 엘리베이터를 타지 않고 계단을 오르거나, 집안일을 하거나, 자전거를 타는 등 작은 것부터 시작하라고 권합니다.

아침식사도 거르지 말아야 합니다. 물론 늦게까지 공부하고 이른 아침에 일어나 밥을 챙겨 먹는 게 쉬운 일은 아닙니다. 저도 좀 더 자고 싶은 마음이 굴뚝같았지요. 그러나 아무리 피곤해도 아침식사는 꼭 챙겼습니다. 아침식사를 통해 뇌에 에너지를 공급하면 오전 공부의 효율을 높일 수 있기 때문입니다. 속이 편하지 않다면 아침에 꼭 밥을 먹지 않아도 됩니다.

토스트, 수프와 같이 무언가 먹었다는 느낌이 드는 음식이면 충분합니다.

교과서 위주로 정독하자

누군가 공부 노하우를 물으면 저는 "교과서 위주로 정독했습니다."라고 대답하곤 합니다. 그럴 때마다 돌아오는 눈초리가 곱지 않더라고요. 그런데 저는 정말 교과서 위주로 정독했습니다. 저의 학창 시절 별명은 '알파고'였습니다. 교과서의 문장 하나하나를 꼼꼼히 이유를 따져가며 정독하고 암기했기 때문입니다. 교과서에 담긴 공식의 유도 과정을 살펴보고, 사실의 근거를 스스로 탐구하고 복기하는 과정에서 이해도와 암기 효율이 비약적으로 상승했습니다. 암기 과목으로 여겨지는 생명과학 교과서의 문장을 예시로 살펴보겠습니다.

> 말이집 신경에서는 도약 전도가 일어나 민말이집 신경보다 흥분 전도 속도가 빠르고, 축삭의 지름이 클수록 흥분 전도 속도가 빠르다.

단순히 암기하고 넘길 수도 있는 문장이지만 좀 더 깊이 들어가보겠습니다. 흥분은 전기 신호의 전달에 의해 일어납니다. 이를 통해 축삭의 지름과 흥분 전달 속도의 관계를 이해할 수 있습니다. 말이집 신경이 민말이집 신경보다 흥분 전도 속도가 빠르다는 부분에서는 말이집이 전기가 통하지 않는 절연체라는 사실을 알 수 있습니다.

이렇듯 정독을 하면서 현상의 원리를 찾아 당위성을 부여하면 암기가 쉬워집니다. 교과서에서 알려주지 않는 추가적인 정보를 스스로 찾는 과정에서 보다 심도 깊은 학습이 이뤄집니다.

사교육의 장점을 효율적으로 이용하자

사실 과학고등학교는 입학면접에서부터 사교육 여부를 조사할 정도로 사교육에 대해 부정적인 견해를 갖고 있습니다. 수동적으로 길러진 인재는 지양하겠다는 의도 때문이겠지요. 그러나 재학생 대부분은 사교육을 받았고, 저 또한 기숙사에서 나오는 주말이면 학원에 다녔습니다. 사교육은 분명 효율적인 공부 수단입니다. 그러나 준비 없이 무작정 사교육을 받는 것은 비용과 시간 대비 효율이 좋지 않습니다. 사교육의 장단점을 파악하고, 스스로에게 부족한 점을 보충하는 용도로 활용해야 합니다.

저는 시중에 판매되지 않는 문제집과 과거 시험 족보를 얻고, 문제풀이 노하우를 습득하고자 학원을 다녔습니다. 이 밖에도 과외에 비해 수강료가 저렴하고, 숙제를 통해 공부량이 보장된다는 장점이 있습니다. 비용은 좀 들지만 과외도 나쁘지 않습니다. 과외는 궁금한 것을 바로 물어볼 수 있고, 학생 개개인의 상황에 따라 진도를 조절할 수 있다는 장점이 있습니다.

통계청 조사에 따르면 2019년 한 해 동안 쓰인 사교육비의 총액은 무려 20조 원에 달한다고 합니다. 초중고 재학생들의 사교육 참여율은 74.8%이며, 주당 사교육 참여시간은 평균 6.5시간이었습니다. 사교육 시장은 나날이 성장하고 있고, 이러한 흐름은 교육정책이 바뀐다고 해서 쉽게 달라지지 않을 것입니다. 물론 사교육의 큰 파도에 매몰되어 흘러가는 대로, 수동적으로 공부하는 것은 지양해야 합니다. 사교육을 이용해야 한다면 최대한 자신에게 유리하게, 지혜롭게 활용하기 바랍니다.

포기하지 말자

고등학교에 입학해 첫 물리 시험을 준비할 때였습니다. 당시 저는 시험 2주 전까지 기본적인 예제조차 정확히 풀지 못할 정도로 물리에 무지했습니다. 그래서 일단 최선을 다해 공부해보고 그래도 결과가 좋지 않다면 물리를 포기해야겠다고 결심했습니다. 그 후 수업자료를 들고 다니며 틈틈이 읽었고, 자정 이후에는 기숙사 창문 밖으로 빛이 새어 나가는 것을 담요로 막으며 문제를 풀었습니다(야간자율학습이 금지되어 밤에는 소등해야 했습니다). 시험이 며칠 앞으로 다가오자 정말 기적처럼 문제가 풀리기 시작했고, 첫 시험에서 예상했던 것보다 훨씬 높은 3등급이라는 성적을 받게 되었습니다. 이후 물리는 고등학교 시절 유일하게 100점 만점을 받은 과목이 되었지요.

개인적인 이야기가 길어졌네요. 결론은 그 어떤 어려움이 닥쳐와도 포기하지 말아야 한다는 것입니다. 포기는 성공의 실낱같은 가능성조차 없애버립니다. 포기하지 말고 훗날 최선을 다했다고 자부할 수 있을 만큼 혼신의 힘을 다해 노력해봅시다. 끊임없이 정진하고 노력한다면 불가능을 가능으로 만들 수 있습니다.

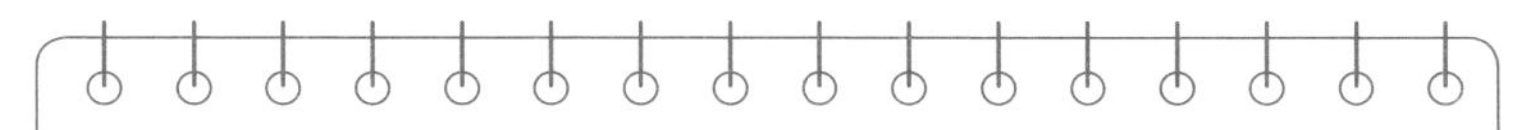

멘토의 한마디

시도하지 않는 곳에 성공이 있었던 예는 결코 없다.

_호레이쇼 넬슨(Horatio Nelson)

출제원리에 답이 있다

고려대학교 변범수

<table>
<tr><td>이름</td><td>변범수</td><td>대학교</td><td>고려대학교</td><td>학과</td><td>신소재
공학부</td></tr>
<tr><td>입학연도</td><td>2020년</td><td>전형</td><td>학교장추천 II</td><td>수능</td><td>3·1·2·1·2·1</td></tr>
<tr><td>고등학교</td><td>천안중앙
고등학교</td><td rowspan="2">합격
학교</td><td rowspan="2" colspan="3">고려대학교</td></tr>
<tr><td>내신</td><td>1.51</td></tr>
</table>

안녕하세요. 고려대학교 20학번 변범수입니다. 초등학교 때부터 운동선수의 꿈을 키웠던 저는 자연스럽게 공부와 담을 쌓았고, 방황도 많이 했습니다. 인문계 고등학교에 들어갔지만 공부하는 법을 전혀 몰라 무작정 친구들의 공부법을 따라 했고, 그냥 용기 있게 부딪치며 꾸준히 따라 하다 보니 저만의 공부법을 깨우칠 수 있게 되었습니다. 여러분도 아직 자신만의 공부법이 따로 없다면 책에 나온 다양한 공부법을 하나하나 실천해보기 바랍니다. 그 과정에서 분명 자신만의 공부법을 터득하게 될 것입니다. 평범한 저도 해냈잖아요. 여러분도 할 수 있습니다.

오늘, 지금, 일단 시작하자

저는 '친구들도 다 공부하는데 나도 해볼까?' 하는 별것 아닌 이유로 공부를 시작했습니다. 너무 이유가 사소하지요? 제가 갑자기 공부를 시작하자 주변 사람들은 특별한 동기가 없으면 오래가지 못할 것이라고 충고했습니다. 이는 반은 맞고, 반은 틀린 이야기였습니다. 동기가 없으면 오래 공부하기가 힘든 것은 맞습니다. 그런데도 반이 틀린 이유는 저처럼 '일단' 꾸준히 하다 보니 동기가 생기는 경우도 있기 때문입니다.

'일단' 문제를 풀다 보니 틀리는 문제가 보이고, 문제를 틀렸다는 사실에 분이 나서 '다음번에는 꼭 맞추겠다.' 하고 다짐했습니다. 이것이 제 특별한 동기가 되어 공부를 꾸준히 지속하는 원동력이 되었지요. 저는 마음속으로 '오늘, 지금, 일단 시작하자.'라는 말을 늘 되새겼습니다. 공부는 정말 지루한 반면, 세상에 재미있는 일은 너무 많습니다. '너무너무 놀고 싶지만 오늘, 지금, 일단 공부하자.' 유혹에 흔들릴 때마다 이 말을 되새기며 초심을 찾았습니다.

공부를 잘하는 학생들은 모두 특별한 자신만의 동기가 있어 끈기 있게 책상 앞에 앉아 있는 것일까요? 아닙니다. 자신에게 무언가 특별한 동기가 찾아와주기를 기다리지 마세요. 동기가 없다고 미루지 말고 오늘, 지금, 일단 시작해보세요. 시작해야지만 뚜렷해지는 동기도 있기 때문입니다. 특별한 동기가 없어서 공부를 못한다는 말은 그저 자신을 속이기 위한 변명일 뿐입니다. 사람마다 공부법은 가지각색이지만 오늘, 지금, 일단 시작해야 한다는 것만큼은 모두에게 동일합니다. 그러니 오늘, 지금, 일단 시작해보세요.

출제원리를 파악하라

단기간에 노력 없이 성적이 급등하는 비법은 없지만 효율적으로 공부할 수 있는 노하우는 있습니다. 바로 출제원리를 파악하는 것입니다. 도대체 출제자는 어떤 식으로 문제를 낼까요? 조금만 출제자의 입장에서 생각해보면 문제를 낼 때 최우선적으로 적용되는 원리를 예측할 수 있습니다. 모든 과목에 통용되는 출제원리는 다음과 같습니다.

> 모든 문제에는 답을 내는 데 필요한 최소한의 핵심 정보가 담겨 있다.

이 원리가 어떻게 문제풀이에 활용되는지 예를 들어볼게요. 먼저 국어 과목입니다. 해당 원리에 따라 국어 지문에 있는 모든 문장이 답을 내는 데 사용됩니다. 적어도 핵심 내용을 담고 있는 문장에 따로 특별한 표시를 해둔다면 문제를 풀 때 바로바로 확인할 수 있어 시간도 절약되고, 실수도 줄일 수 있을 것입니다.

다음은 수학 과목입니다. 수학 과목 역시 문제에 답을 내

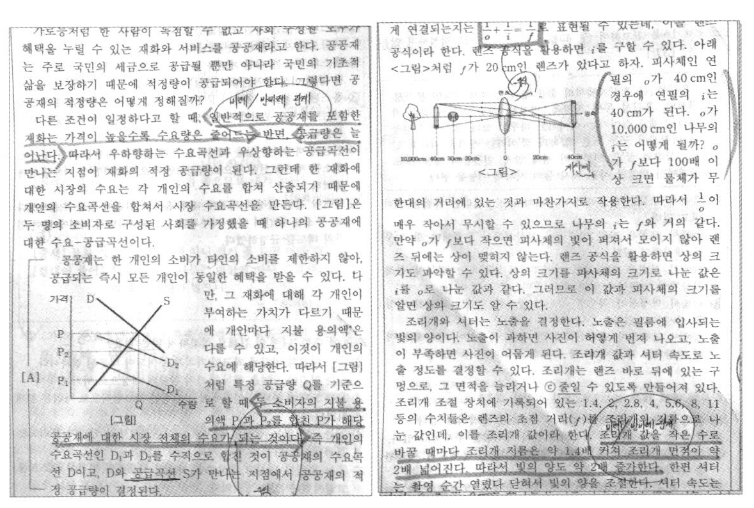

가로등처럼 한 사람이 독점할 수 없고 사회 구성원 모두가 혜택을 누릴 수 있는 재화와 서비스를 공공재라고 한다. 공공재는 주로 국민의 세금으로 공급될 뿐만 아니라 국민의 기초적 삶을 보장하기 때문에 적정량이 공급되어야 한다. 그렇다면 공공재의 적정량은 어떻게 정해질까?

다른 조건이 일정하다고 할 때, 일반적으로 공공재를 포함한 재화는 가격이 높을수록 수요량은 줄어드는 반면, 공급량은 늘어난다. 따라서 우하향하는 수요곡선과 우상향하는 공급곡선이 만나는 지점이 재화의 적정 공급량이 된다. 그런데 한 재화에 대한 시장의 수요는 각 개인의 수요를 합쳐 산출되기 때문에 개인의 수요곡선을 합쳐서 시장 수요곡선을 만든다. [그림]은 두 명의 소비자로 구성된 사회를 가정했을 때 하나의 공공재에 대한 수요-공급곡선이다.

[A] 공공재는 한 개인의 소비가 타인의 소비를 제한하지 않아, 공급되는 즉시 모든 개인이 동일한 혜택을 받을 수 있다. 다만, 그 재화에 대해 각 개인이 부여하는 가치가 다르기 때문에 개인마다 지불 용의액*은 다를 수 있고, 이것이 개인의 수요에 해당한다. 따라서 [그림]처럼 특정 공급량 Q를 기준으로 할 때 두 소비자의 지불 용의액 P_1과 P_2를 합친 P가 해당 공공재에 대한 시장 전체의 수요가 되는 것이다. 즉 개인의 수요곡선인 D_1과 D_2를 수직으로 합친 것이 공공재의 수요곡선 D이고, D와 공급곡선 S가 만나는 지점에서 공공재의 적정 공급량이 결정된다.

[그림]

게 연결되는지는 $\frac{1}{o}+\frac{1}{i}=\frac{1}{f}$로 표현될 수 있는데, 이를 렌즈 공식이라 한다. 렌즈 공식을 활용하면 i를 구할 수 있다. 아래 <그림>처럼 f가 20 cm인 렌즈가 있다고 하자. 피사체인 연필의 o가 40 cm인 경우에 연필의 i는 40 cm가 된다. o가 10,000 cm인 나무의 i는 어떻게 될까? o가 f보다 100배 이상 크면 물체가 무한대의 거리에 있는 것과 마찬가지로 작용한다. 따라서 $\frac{1}{o}$이 매우 작아서 무시할 수 있으므로 나무의 i는 f와 거의 같다. 만약 o가 f보다 작으면 피사체의 빛이 퍼져서 모이지 않아 렌즈 뒤에는 상이 맺히지 않는다. 렌즈 공식을 활용하면 상의 크기도 파악할 수 있다. 상의 크기를 피사체의 크기로 나눈 값은 i를 o로 나눈 값과 같다. 그러므로 이 값과 피사체의 크기를 알면 상의 크기도 알 수 있다.

<그림>

조리개와 셔터는 노출을 결정한다. 노출은 필름에 입사되는 빛의 양이다. 노출이 과하면 사진이 허옇게 번져 나오고, 노출이 부족하면 사진이 어둡게 된다. 조리개 값과 셔터 속도로 노출 정도를 결정할 수 있다. 조리개는 렌즈 바로 뒤에 있는 구멍으로, 그 면적을 늘리거나 ⓒ줄일 수 있도록 만들어져 있다. 조리개 조절 장치에 기록되어 있는 1.4, 2, 2.8, 4, 5.6, 8, 11 등의 수치들은 렌즈의 초점 거리(f)를 조리개의 지름으로 나눈 값인데, 이를 조리개 값이라 한다. 조리개 값을 작은 수로 바꿀 때마다 조리개 지름은 약 1.4배 커져 조리개 면적이 약 2배 넓어진다. 따라서 빛의 양도 약 2배 증가한다. 한편 셔터는 촬영 순간 열렸다 닫혀서 빛의 양을 조절한다. 셔터 속도는

출제원리를 파악하기 위해 핵심 내용을 담고 있는 문장에 특별한 표시를 해둡니다.

기 위한 '최소한의 조건'이 적혀 있기 마련입니다. 이 말은 반대로 '주어진 조건'을 모두 사용해야 답이 나온다는 의미입니다. 문제를 다 풀고난 뒤 주어진 조건 중 한 가지라도 빠진 게 있는지 검토하는 습관을 들이기 바랍니다. 이 방법에 익숙해지면 잘못 푼 문제가 한눈에 들어오게 됩니다. 답을 유추하는 과정에서 활용하지 않은 조건이 있다면 반드시 짚고 넘어가야 합니다. 참고로 이 유용한 원리는 비단 국어, 수학에서만 쓰이지 않습니다. 다른 과목에서도 여러분만의 방식으로 응용해보기 바랍니다.

시간 관리를 위한
48법칙

'48법칙'은 제가 고등학교에 다니면서 깨달은 시간 관리 법칙입니다. 이 법칙은 1년을 4개월, 8개월로 나눈 다음 내신 공부에 4개월, 모의고사 공부에 8개월을 투자하는 것을 의미합니다. 저는 내신을 준비할 때는 꼼꼼히 외우는 것을 선호해서 4주 전부터 공부에 전념했습니다. 다른 친구들보다 내신에 많은 시간을 투자했기 때문에 항상 모의고사를 준비할 때 공부의 흐름이 끊기곤 했지요. 실제로 많은 친구들이 내신 기간 전후로 모의고사 공부를 열심히 해보지만, 두 가지 시험을 동시에 준비해야 하다 보니 어려움이 많다는 투정 아닌 투정을 부리곤 합니다.

그래서 저는 아예 1년 단위로 공부 계획을 짰습니다. 그러자 모의고사 공부는 중간고사와 기말고사 사이에 잠시 지나가는 이벤트가 아니라 연 단위 계획의 일부가 되었습니다. 체계적으로 흔들림 없이 모의고사를 준비할 수 있었지요. 물론 내신 준비 기간은 사람마다 다를 수 있습니다. 누군가는 6주를 투자해야 완벽히 대비할 수 있지만, 누군가는 3주 만에 끝낼 수도 있습니다. 여기서 핵심은 내신 시험을 준비하는 시간과

무관하게 사전에 계획을 세워 모의고사를 준비해야 한다는 것입니다.

꽃을 피워내길 바라며

저도 고등학교 시절 많은 어려움이 있었고, 때로는 너무 힘들어 포기하고 싶은 순간도 있었습니다. 저는 여러분에게 수험 준비가 어렵지 않을 것이라는 거짓말을 하고 싶지는 않습니다. 고등학교는 중학교 때보다 몇 배는 더 힘들 거예요. 하지만 그 힘든 현실 속에서 여러분이 할 수 있는 일을 하며 무엇이든 최선을 다하기 바랍니다. 고되고 지치겠지만 포기하지 않는다면 자신만의 꽃을 피워낼 수 있습니다. 분명 노력은 배신하지 않습니다. 요령이 없어도, 공부법을 몰라도 괜찮습니다. 지금 당장 할 수 있는 일부터 해나가면 됩니다. 혹시 궁금한 점이 있다면 'bbs6615@daum.net'으로 메일을 주세요. 시간이 좀 걸리더라도 꼭 답장을 드리겠습니다. 여러분을 돕는 게 제 꿈이자 행복이니까요. 감사합니다.

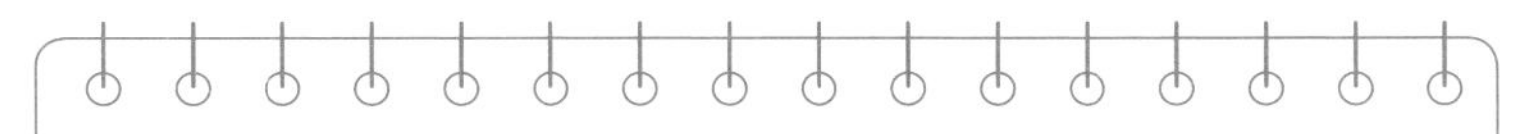

멘토의 한마디

내일의 모든 꽃은 오늘의 씨앗에 근거한 것이다.

_중국 속담

1장 핵심요약

- 공부에 진심으로 몰입하는 경우는 드물다. 공부는 그저 습관처럼 비슷한 내용을 보고 또 보고, 지루할 정도로 문제를 반복해 푸는 과정이다. 처음부터 공부에 오롯이 몰두해 집중력을 잃지 않는 학생은 없다. 성적이 좋은 학생들은 지루함을 견디는 과정을 반복해 억지로 공부하는 습관을 들였을 따름이다.
- 자신만의 공부 리듬를 찾아야 한다. 사람들에게는 각자 자신만의 공부 리듬이 있다. 수학 문제가 가장 잘 풀리는 시간이 따로 있고, 암기가 잘 되는 시간, 졸린 시간, 집중이 잘 되지 않는 시간 등이 저마다 다르다. 이 공부 리듬을 찾아내 시간을 적절히 분배한다면 효율적으로 성적을 올릴 수 있다.
- 원하는 분야에서 성공하기 위해서는 반드시 공부해야 한다. 좋은 환경에서 좋은 사람들과 함께하기 위해서라도 공부를 손에서 놓지 말자. 잠깐만 인내하면 행복한 삶을 살 수 있다.
- 공부를 잘하기 위해선 선행학습이 반드시 필요하다. 특히 수학은 선행학습이 필수적이다. 대학 입시에서 요구하는 수학

실력은 '좋은 문제'를 많이 풀면 저절로 터득된다. 여기서 '좋은 문제'란 새로운 접근을 요구하는 문제를 의미한다.

- 체력은 집중력과 공부량을 결정하는 중요한 요소다. 체력이 부족하면 집중력이 떨어지고, 공부량을 늘릴 수 없다. 체력 관리를 위해서는 꾸준히 운동을 하고 아침식사를 거르지 말아야 한다.
- 자신에게 무언가 특별한 동기가 찾아와주기를 기다리지 말자. 동기가 없다고 미루지 말고 오늘, 지금, 일단 시작하자. 특별한 동기가 없어서 공부를 못한다는 말은 그저 자신을 속이기 위한 변명일 뿐이다.

2장

수시 준비 가이드

: 두 마리 토끼를 잡아라

"손에 쥔 게 망치밖에 없으면
모든 문제가 못으로 보인다."

_에이브러햄 매슬로(Abraham Maslow)

많은 학생들이 자기소개서와 면접은 형식에 불과하고, 수시 역시 정시와 마찬가지로 성적순으로 합격생을 뽑는다고 생각합니다. 물론 성적이 좋으면 유리한 건 사실입니다. 하지만 그것만이 전부는 아닙니다. 대부분의 학생들은 수시 준비에 소홀합니다. 원서 접수 기간이 코앞까지 다가와도 자기소개서를 완성하지 못하는 경우가 태반이지요. 면접도 마찬가지입니다. 제대로 된 준비 없이 '잘 볼 수 있겠지?' 하는 막연한 희망만 갖고 면접장으로 향합니다. 수시 준비에 이토록 소홀한 이유는 아마도 '어차피 수시도 성적이 좋은 학생이 뽑힌다.'라는 생각 때문일 것입니다. 그런데 정말 그럴까요? 대학교에서 성적만 본다면 왜 학생 선발에 그 많은 비용, 노력, 시간을 들이는 걸까요? 그냥 아무런 이유 없이 학생들을 고생시키려고 자기소개서를 쓰게 하고, 면접을 보는 걸까요?

입시의 목적을 상기해봅시다. 과연 수능 성적만으로 학생의 모든 것을 판단할 수 있을까요? 수시는 성적만으로 학생을 판단하지 않으려는 노력의 일환이자, 개개인의 가능성에 초점을 두고 적합한 인재를 선별하려는 시도입니다. 수시 제도는 학생들에게 새로운 기회의 문을 열어주자는 취지로 시작되었고, 매년 꾸준히 그 취지에 부합하는 인재를 선발하고 있습니다. 무조건 성적이 좋은 학생을 뽑으려는 것이 아니라 해당 학교, 학과에 적합한 인재를 뽑으려는 과정인 것이지요. 단순히 공부 잘하는 학생을 뽑는 게 목표라면 복잡하게 다양한 전형을 만들고, 시간을 들여 선별할 필요는 없을 것입니다.

입시는 성적 좋은 학생을 뽑는 것이 아니라 우리 학교에 필요한 인재를 선발하는 과정입니다. 졸업 후 사회에 진출해서 학교를 널리 알릴 수 있는 사람, 즉 학교와 학과의 명예를 높일 수 있는 학생을 선발하는 것이지요. 실제로 다른 대학교 수의과대학은 불합격했는데, 사전에 수시 준비를 철저히 한 덕분에 서울대학교 수의과대학에 합격한 사례도 있습니다. 내신, 수능 성적은 모자랐지만 자신만의 전국 지도를 만드는 등 꾸준히 관련 경험을 쌓아 명문대학교 지리학과에 합격한 사례도 있습니다.

수시에는 학생부교과 전형, 학생부종합 전형, 논술 전형, 실기 전형, 포트폴리오 전형, 특별 전형 등 다양한 전형이 있고, 같은 전형이라고 하더라도 학교별로 기준이 다릅니다. 같은 학교여도 학과별로 기준이 다르며, 같은 학과에도 여러 가지 선발 방식과 기준이 적용됩니다. 이처럼 전국 대학교의 선발 기준은 일일이 다 기억할 수 없을 만큼 세분화되어 있습니다. 같은 성적이어도 자신에게 유리한 전형을 찾은 학생은 더 좋은 학교와 학과를 선택할 수 있는 반면, 수시 준비에 소홀한 학생은 선택의 폭이 줄어들게 됩니다.

예를 들어 전형이 같아도 학년별 내신 반영 비율, 교과와 비교과 반영 비율, 면접 반영 비율 등이 다 다릅니다. 수능 결과에 따라 영역별 반영 비율과 가중치, 표준점수 또는 백분위 점수를 반영지표로 활용하기도 하지요. 따라서 성적이 같아도 수시 준비에 들인 시간과 노력에 따라 합격의 당락이 갈리는 경우가 비일비재합니다. 수시 준비를 철저히 하면 분명 더욱 다양한 기회의 장이 열릴 것입니다.

"수시와 정시 중 어떤 것을 준비하는 게 유리할까요?" 학부모들이 가장 많이 물어보는 질문 중 하나입니다. 실제로 최근에는 수시 비율이 약 70% 이상으로 높아지면서 수시만 준비하겠다는 학생들도 많이 보입니다. 정시만 준비하면 N수생이 될지 모른다는 불안감을 느끼기도 합니다. 물론 둘 중 하나만 선택하면 남들보다는 적은 노력으로 큰 성과를 낼 수 있을지 모릅니다. 하지만 개인적으로 이렇게 일찍부터 한 가지 길만 고집하는 건 '공부하기 싫은 게으름'에 기인한다고 생각합니다. 결론부터 말하면 처음부터 둘 중 하나를 고집하지 말고 둘 다 준비하는 것이 좋습니다.

특히 수시만 준비하는 학생의 경우 나중에 후회하는 경우가 참 많습니다. 나중에 하고 싶은 일이 생기고, 진학하고 싶은 학과가 생겼는데 정시를 준비하지 않아 못 가는 경우가 생기기 때문입니다. 무엇보다 수능 최저등급에 대한 대비도 필요하고, 수시 불합격에 대한 대비도 필요합니다. 전략에 따라 수시로 더 좋은 대학교에 합격할 수도 있지만, 기본적으로 모든 준비가 다 철저해야 남들보다 유리한 고지를 점령할 수 있습니다. 스스로 변치 않을 확고한 꿈이 있고, 그것을 위해 필요한 공부만 해도 된다면 전략적으로 수시를 준비하면 됩니다. 그러나 막연히 수시가 더 쉬워 보여서 그런 고민을 하고 있다면, 일단 쓸데없는 고민은 접고 공부에 집중하기 바랍니다. 상위권 학생들은 그런 고민을 하지 않습니다. 명문대에 재학 중인 멘토트리의 멘토들도 대부분 정시와 수시를 둘 다 준비했습니다.

핵심은 교내외 활동

서울대학교 김지은

이름	김지은(가명)	대학교	서울대학교	학과	전기정보 공학부
입학연도	2015년	전형	일반	수능	-
고등학교	-	합격 학교	서울대학교, 포항공과대학교, 광주과학기술원, 상지대학교		
내신	-				

“공부를 왜 열심히 해야 하나요?” 과거의 제가 선생님께 했던 질문입니다. 선생님께서는 잘 살기 위해서, 하고 싶은 일을 하기 위해서, 심지어는 잘생긴 애인을 얻으려면 공부를 해야 한다고 하셨습니다. 하지만 어떤 이유도 그리 와닿지 않았습니다. 미래는 너무 멀고, 사람이란 동물은 그렇게까지 먼 미래를 내다보고 행동하는 경우가 드무니까요. 그리고 오늘날 멘티들이 다시 저에게 비슷한 질문을 하곤 합니다. 숙제도 하루 전에 벼락치기로 할 때가 가장 효율이 좋은데, 따로 정해진 기한 없이 계속 붙잡고 있어야 하는 ‘공부’는 도대체 언제까지 해야 할까요? 많은 학생들이 비슷한 의문을 품고 있을 것입니다. 수능을 볼 때까지? 대학을 졸업할 때까지? 좋은 직장에 들어갈 때까지? 저 역시 해답을 찾기 위해 노력했고, 나름대로 ‘공부의 이유’를 찾을 수 있었습니다.

공부를 시작하는 이유가 꼭 원대할 필요는 없다

저는 중학교 때까지 공부에 흥미가 없었습니다. 성적도 특출나지 않았고, 공부보단 친구들과 노는 걸 더 좋아했습니다. 시간표보단 급식표가 더 좋았고, 교과서는 시험 기간 전까진 사물함에 방치되어 있었지요. 어디서나 볼 수 있는 공부에 흥미가 전혀 없는 평범한 중학생이었습니다. 그런데 왜 공부를 시작했을까요? 발단은 바로 학생주임 선생님의 한마디였습니다. "머리는 이렇게 요란하게 하고 다니고, 애들이랑 놀기 바쁘니 공부를 못하지." 놀랍게도 질풍노도의 예민한 중학생의 자존심을 건드린 그 한마디가 계기가 되어 저는 공부를 시작하게 됩니다.

1학년 2학기, 머리는 엉망이고 공부도 못했던 저는 당당히 전교 1등이란 성적을 거머쥡니다. 그 뒤로 저에 대한 시선은 거짓말처럼 확 달라졌습니다. 선생님들과 친구들의 태도도 완전히 바뀌었지요. 이 작은 성취감이 동기가 되어 저는 계속 공부를 이어나갑니다.

이유가 시시하게 느껴지시나요? 그런데 공부를 시작하는 이유가 꼭 원대할 필요는 없습니다. 이유가 원대하다고 해서 없던 끈기가 생기는 것은 아니니까요. 딱히 이유가 없더라도 일단 '그냥' 하는 것이 중요합니다. 그렇게 공부를 하다 보니 이번엔 스스로 다른 동기를 찾게 되었습니다. '공부를 왜 해야 하지?'라는 질문에 스스로 답하게 된 것입니다.

Q: 공부를 왜 할까?

A: 성적이 잘 나오니 즐겁다.

Q: 그런 이유로 공부를 해?

A: 응.

Q: 성적이 잘 나오면 뭐가 좋은데? 그걸로 네가 뭘 할 수 있는데?

A: 그러게. 공부를 해서 내가 또 뭘 할 수 있지? 나는 뭘 하고 싶은 걸까?

이렇게 마음속으로 자문자답하며 진지하게 진로를 고민하게 되었습니다. 여러분이 공부를 하는 이유는 무엇인가요? 제가 하고 싶은 말은 이겁니다. 사소한 것이라도 좋으니 일단 동기를 만드세요. 무엇이 되었든 시작이 중요합니다. 당장 떠오르는 동기가 없다면 비교적 달성하기 쉬운 짧은 계획을 세워보세요(쪽지시험에서 높은 점수 받기, 수행평가에서 B 이상 받기, 일주일 동안 독서실 빠지지 않기 등). 그리고 목표를 달성하면 작은 선물을 주겠다고 스스로와 약속해보세요. 열심히 노력하면 성과를 얻기 마련이고, 성공의 열매가 작든 크든 성취감을 얻게 될 것입니다.

꿈은 막연해도
계획은 구체적으로

꿈은 막연해도 좋습니다. 동기조차 사소해도 상관없습니다. 하지만 일단 시작했다면 계획은 철저하고 구체적이어야 합니다. 작심삼일에서 벗어나려면 계획을 세분화해야 합니다. 하나의 목표를 달성하면 그다음 목표를 세우고, 그다음 목표를 달성하면 다시 또 다른 목표를 세워 계속 나아가야 합니다. 물론 동력을 잃지 않고 끝까지 이어나가기 위해서는 '꿈'의 힘이 필요하지요. 막연하더라도 꿈이 있으면 도중에 딴 길로 새지 않고 일직선으로 곧게 나아갈 수 있습니다.

그럼 어떤 꿈을 가져야 할까요? 원하는 꿈을 가지세요. 비현실적이고 원대해 보이는 꿈이어도 좋고, 소박한 꿈이어도 좋습니다. 우리는 흔히 이 단계에서 비슷한 실수를 반복하는데요. 바로 목표만 그럴싸하게 세워놓고 그것을 어떻게 이룰지 진지하게 고민하지 않는 것입니다. 어떻게 실현할지 구체적으로 계획을 짜지 않으면 꿈은 말 그대로 꿈으로 끝나고 맙니다.

자신이 무언가를 하고 싶고, 그걸 이루려면 구체적으로 무엇을 해야 하는지 진지하게 고민해보세요. 저는 중학생 때 크리스토퍼 놀란 같은 SF 영화감독이 되고 싶었습니다. 놀란 감독처럼 이공계열의 지식을 폭넓게 다룰 수 있는 전문가가 되고 싶었지요. 그래서 이공계열의 학사학위를 갖고 싶었고, 기왕이면 사람들에게 인정받을 수 있는 대학교의 학위를 받자는 생각에 서울대학교를 목표로 했습니다. 그리고 결국 서울대학교에 입학했습니다. 지금은 새로운 꿈을 꾸며 다른 길로 나아가고 있지만, 결론은 목표에 도달하기 위해서는 구체적인 계획을 세워야 한다는 것입니다. 제가 계속 공부를 할 수 있었던 원동력은 사소하지만 뚜렷한 동기, 그리고 목표를 이룰 수 있는 구체적인 계획에 있었습니다.

수시 준비의 핵심은 교내외 활동

수시는 참으로 잔인한 제도입니다. 고작해야 인생의 절반은커녕 반의 반 정도 살았을 뿐인데, 십몇 년 산 게 전부인데 앞으로의 인생 계획 전체를 제시해야 하기 때문입니다. 공부만으로도 머리가 터질 것 같은데 수시 준비까지 해야 하다니. 하지만 어쩌겠어요? 나를 위해, 내 꿈을 위해 수시 전형을 분석하고 철저히 대비해야 합니다.

교내외 활동 예시

학생	지원 전공	교내외 활동
A	사회계열	봉사 활동
		학생회 활동
		토론 동아리 활동
B	교육계열	○○지역아동센터 봉사 활동
		○○초등학교 교육 봉사 활동
		영자신문 동아리 활동
C	의약계열	○○복지관 봉사 활동
		과학 실험 동아리 활동
		의학 토론 대회 참가

이루고자 하는 목표가 있다면 그 목표에 도움이 될 만한 교내외 활동을 찾아보세요. 학교 게시판도 좋고, 학급 신문도 좋고, 교내 행사도 좋습니다. 교내외 활동에 적극적으로 참여한다면 생활기록부, 자기소개서의 콘텐츠가 훨씬 풍부해질 것입니다.

각각 사회계열, 교육계열, 의약계열을 지망하는 A, B, C

3명의 고등학생이 있다고 가정해봅시다. A는 사회적 약자를 위한 봉사 활동을 통해 소외된 이들의 권리를 옹호한다는 자신의 비전을 제시합니다. 또한 학생회 활동을 통해서는 리더십을, 토론 동아리 활동을 통해서는 비판적인 사고가 가능한 인재라는 점을 강조할 수 있겠지요. B와 C도 마찬가지입니다. 교육계열을 지망하는 B는 ○○지역아동센터 봉사 활동, ○○초등학교 교육 봉사 활동, 영자신문 동아리 활동을 했고, 의약계열을 지망하는 C는 ○○복지관 봉사 활동, 과학 실험 동아리 활동, 의학 토론 대회에 참가했습니다. 이처럼 지원 전공과 연관된 교내외 활동을 통해 자신이 해당 학교와 학과에 얼마만큼 적합한 인재인지, 어느 정도 열정이 있는지 드러낼 수 있습니다.

전공에 대한 정보는 진로정보망 커리어넷(www.career.go.kr)에서 확인할 수 있습니다. 커리어넷 '학과 정보' 메뉴에 접속하면 전공계열별로 관련 학과를 검색할 수 있습니다. 전공계열은 인문계열, 사회계열, 교육계열, 공학계열, 자연계열, 의약계열, 예체능계열로 구분됩니다. 예를 들어 의약계열 중 언어재활 분야에 관심이 있다면 관련 학과가 개설된 대학교를 따로 모아 찾아볼 수 있습니다. 언어재활 관련 학과로는 2020년 기준으로 언어재활과, 언어재활학과, 언어재활보청기과, 언어

커리어넷 사이트 화면. 이곳에서 전공에 대한 정보를 찾아볼 수 있다.

재활상담학과, 언어치료과, 언어치료학과가 있습니다.

하지만 아직 목표로 하는 전공이 없다면 어떻게 해야 할까요? 무엇을 하고 싶은지 모르겠다면 일단 다양한 교내외 활동에 적극적으로 참여해보세요. 사소한 것이어도 좋고, 특별한 활동이 아니어도 좋습니다.

> 저는 고등학교 1학년 때 학교 게시판에서 우연히 발견한 '과학 주제 탐구대회'에 참여했습니다. 대부분이 중도 포기했지만 끝까지 실험을 마무리했고, 그 결과 전 학년이 참여하는 과학 주제 탐구대회에서 2위라는 결과를 거머쥐었습니다. 이

활동을 통해 탐구의 즐거움을 느끼게 되었고, 한 걸음 더 나아가 물리 동아리 활동에 참여하게 되었습니다. 이후 R&E로 유기 태양 전지와 관련된 논문을 완성해 국제 학회에 발표했습니다.

제 자기소개서에 적혀 있는 문장입니다. 이 문장에는 얼마나 많은 진실이 담겨 있을까요? 사실 제가 물리 동아리에 들어간 것과 과학 주제 탐구대회에 참여한 것은 아무런 관련이 없을 수도 있습니다. R&E(보고서나 논문을 쓰는 연구 프로젝트)도 성적이 좋아 발탁된 것일 수도 있지요. 하지만 중요한 것은 제가 이런 교내외 활동에 참여했다는 '사실'에 있습니다. 이것들을 이어 붙여 하나의 이야기를 만들 기만 하면 됩니다.

수시 준비는 내신을 잘 챙기는 동시에 다양한 교내외 활동에 적극적으로 참여하기만 하면 충분합니다. 그리고 어떤 활동이든 일단 참여하기로 했다면 최선을 다해야 합니다. 아무리 경험과 과정이 중요해도 결국 기록에 남는 것은 결과입니다. 그리고 수시의 성패는 그러한 결과들의 나열에 달려 있습니다. 또한 무조건 남들보다 더 많은, 더 다양한 교내외 활동을 했다고 해서 유리하진 않습니다. 수시 합격 여부는 해당 활동에서 얼마나 자신의 역량을 잘 드러냈는지에 달려 있습니다. 그러한 핵심 교내외 활동들을 개연성 있게 하나하나 잘 이어 붙이면 모범적인 자기소개서가 완성될 것입니다.

면접은
자신감이 반

면접은 학생의 자기소개서를 면접관들이 직접 확인하는 과정입니다. 입학사정관이 원하는 학생은 어떤 학생일까요? 어떤 학생을 더 뽑고 싶고, 더 보고 싶어 할까요? 우리는 이미 이 질문에 대한 답을 알고 있습니다. 당연히 자신의 꿈에 확신이 있고, 자신감이 있는 사람에게 끌리겠지요. 꿈이 중요한 이유는 목표가 구체적이고 뚜렷할수록 자신감도 커지기 때문입니다.

저는 떨어져도 상관없다는 마음으로 면접에서 자신 있게 뻔뻔하게 굴었습니다. 제 목표를 이야기할 때는 확신을 담아 망설임 없이 답했고, 모르는 문제에 대해서는 솔직하게 모른다고 답했습니다. 그러나 얼마든지 배울 준비가 되어 있다고 덧붙이면서 열린 자세로 임했지요. 포항공과대학교 면접에서는 '로봇 청소기에 탑재된 모든 기술에 대해 아는 대로 서술하시오.'라는 문제가 나왔는데요. 로봇 분야에 대해 잘 알지 못했지만 굴하지 않고 뻔뻔하게 주제를 저에게 유리한 방향으로 바꿨습니다. 당시 제가 관심 있는 분야는 디스플레이였고, 그래서 로봇 청소기에 탑재된 디스플레이 기능을 중점적으로 설명했습니다. 로봇 청소기의 핵심 기능은 몰랐지만 아는 분야에 대해 간결하고 자신 있게 답변했고, 합격했습니다.

면접은 자기소개서와 마찬가지로 자신의 역량을 보여주는 것이 가장 중요합니다. 그런데 무리해서 역량을 과장할 필요는 없습니다. 본인이 가장 잘하는 것을 당황하지 않고 보여주면 됩니다. 중장년인 면접관들에게 고3은 정말 어리게 보일 것입니다. 그들이 과연 어린 수험생들에게 전문적이고 해박한 지식을 원할까요? 아닙니다. 자신감을 갖고 그냥 장황하지 않게 아는 부분만 간결하게 이야기하면 됩니다.

멘토의 한마디

작은 계기를 놓치지 말고 여러분의 미래를 위해 나아가세요.
도전의 즐거움을 경험해보세요.

비교과 활동의 중요성

카이스트 최일윤

<table>
<tr><td>이름</td><td>최일윤</td><td>대학교</td><td>카이스트</td><td>학과</td><td>생명과학과</td></tr>
<tr><td>입학연도</td><td>2015년</td><td>전형</td><td>일반</td><td>수능</td><td>-</td></tr>
<tr><td>고등학교</td><td>대구과학
고등학교</td><td rowspan="2">합격
학교</td><td colspan="3" rowspan="2">카이스트, 연세대학교,
고려대학교, 성균관대학교,
대구경북과학기술원</td></tr>
<tr><td>내신</td><td>-</td></tr>
</table>

안녕하세요. 저는 카이스트 생명과학과에 재학 중인 최일윤입니다. 그림 그리기, 악기 연주, 여행 등 다양한 취미를 갖고 있지만 제가 가장 큰 의미를 두고 있는 활동은 멘토링입니다. 카이스트 학생 홍보대사 카이누리, 카이스트 영재교육원 프로그램의 멘토 등으로 활동하며 많은 학생들을 만났고, 더 많은 친구들에게 도움을 주고 싶다는 생각에 이 글을 쓰게 되었습니다. 제 이야기가 정답은 아니지만 공부와 진로 문제로 고민하고 있는 누군가에게 조금이라도 보탬이 될 수 있기를 바랍니다.

비교과 활동을 적극적으로

저는 영재학교라는 특수한 형태의 고등학교를 졸업했는데요. 영재학교의 재학생은 대부분 수시 전형으로 대학에 진학하기 때문에 수능 준비를 전혀 해보지 않았습니다. 학교에서는 1학년 때부터 다양한 교내외 활동을 장려했고, 저 역시 수많은 경시대회와 R&E 활동, 봉사 활동에 참여해 스펙을 쌓았습니다. 생명과학 외에는 큰 관심이 없었던 터라 관련된 비교과 활동을 적극적으로 할 수 있었지요. 학점이 좋은 편은 아니었지만 비교과 활동을 자기소개서에 잘 풀어낸 덕분에 좋은 대학교에 진학할 수 있었습니다(영재학교는 고등학교임에도 불구하고 학점제를 사용합니다).

입시 과정에서 느낀 점은 생각보다 많은 대학이 학생들을 성적으로 줄 세우지 않는다는 것입니다. 성적만 본다는 세간의 편견과 달리 대학은 다양한 수시 전형을 통해 학생들의 개성과 특성을 분석하기 위해 노력하고 있습니다. 저는 성적은 낮았지만 생명과학에 대한 열정이 크다는 점을 적극적으로 내비쳤고, 입학사정관 역시 그 점을 좋게 봐준 것 같습니다.

입학사정관이 중점적으로 보는 부분(중복 응답 포함)

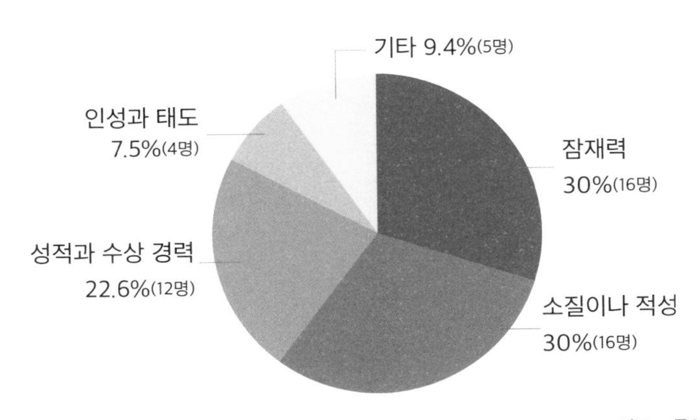

자료: <동아일보>

〈동아일보〉가 서울대학교, 고려대학교, 연세대학교 등 11개 주요 대학의 입학사정관 51명을 대상으로 진행한 설문조사에 따르면 그들이 중점적으로 보는 학생의 특성은 잠재력(30%)과 특정 분야의 소질이나 적성(30%)인 것으로 나타났습니다. 성적(22.6%)은 그다음이었지요. 이처럼 저는 비교과 활동이 공부만큼 중요하다고 생각합니다. 열정에 대한 증거가 될 수 있기 때문입니다. 단순히 많은 비교과 활동에 참여하는 것만으로는 부족합니다. '관심 있는 분야'만큼은 누구보다 열심히 공부했다는 점을 어필할 수 있어야 합니다. 지원 전공과 관련된 비교과 활동에서 인정할 만한 성과를 거둔다면 입학사정관들도 그 노력과 열정을 꼭 알아볼 것입니다.

독서는
최고의 공부법

수많은 멘티들이 가장 자주 했던 질문은 단연 공부법에 관한 내용이었습니다. 아직 고등학생이 되지 않은 어린 친구들이 이런 질문을 하면 저는 늘 '독서'를 하라고 조언합니다. 제가 이렇게 공부를 잘하게 된 이유는 어렸을 때부터 책을 많이 사주신 어머니 덕분이라고 생각하기 때문입니다. 독서는 단순히 책 안의 지식을 습득하는 데 그치는 활동이 아닙니다. 독서와 친해지면 복잡한 글도 빠르게 이해할 수 있는 능력을 기를 수 있습니다. 학년이 올라가 더 복잡한 내용을 배울수록 독해력의 중요성은 커집니다. 평소 독서를 많이 하면 교과서, 문제집 등의 지문이 아무리 어려워도 쉽게 독해할 수 있습니다.

독서는 공부에도 도움이 되는 유용한 취미입니다. 개인적으로 어떤 책을 읽는지는 크게 중요하지 않다고 생각합니다(정말 책이 싫다면 만화책으로 시작해도 좋습니다). 자신이 흥미를 가질 수 있는 분야라면 아무거나 상관없습니다. 처음부터 어려운 교양서로 시작하지 말고 좋아하는 분야의 책을 읽으면서 독서의 재미를 깨우친다면, 나중에는 누가 시키지 않아도 스스로 새로운 책을 찾아 읽게 될 것입니다.

계획은 여유 있게, 구체적으로 세우자

저는 계획을 세우는 과정을 굉장히 좋아합니다. 어떤 공부를 시작할 때면 늘 플래너에 계획을 적는 편인데요. 두 가지 원칙

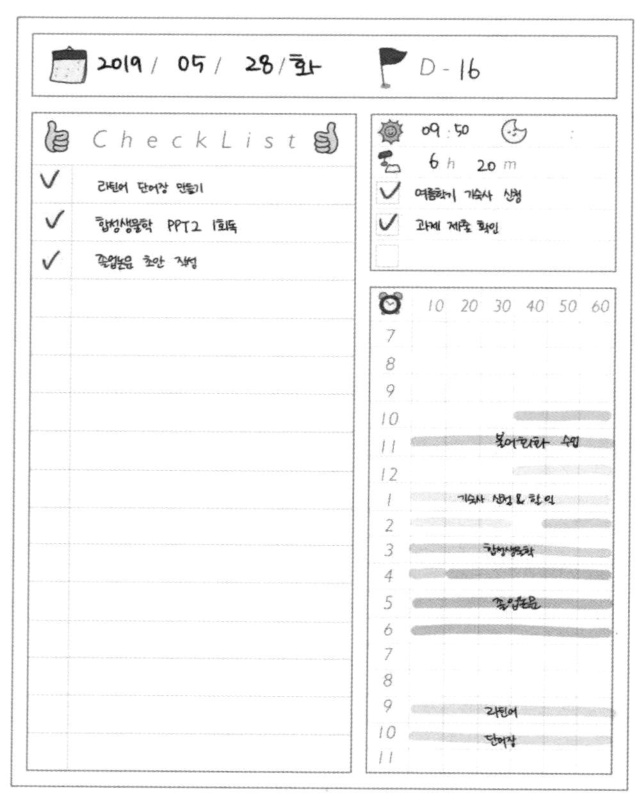

시간보다는 목표에 초점을 맞춘 플래너

을 반드시 지키고 있습니다. 첫 번째는 뜻밖의 일에 대비해 쉬는 날을 만드는 것입니다. 간혹 계획을 세울 때 너무 의욕이 앞서 365일 빼곡히 일정을 채우는 학생들이 있는데요. 실현 불가능한 계획을 세우면 작심삼일이 될 수 있습니다. 갑자기 아프거나, 급한 약속이 생기거나, 유난히 집중이 안 되어 그날의 계획을 지키지 못하는 등 변수가 다양하기 때문입니다. 여러 변수 때문에 계획대로 공부하지 못하는 일이 반복되면 결국 계획표는 무용지물이 되고 맙니다.

계획을 어기는 일이 반복되면 의지는 사라지기 마련입니다. 저는 이런 일에 대비해 일정한 기간마다 쉬는 날을 만들었습니다. 그래서 지키지 못한 계획은 이날 모두 해결했습니다. 만약 계획대로 공부했다면 자투리 시간에는 푹 쉬거나, 자신 없는 부분을 복습하는 데 활용했습니다.

두 번째 원칙은 시간 분배에 애쓰지 않고 목표 지향적으로 계획을 세우는 것입니다. 예를 들어 '수학 3단원 공부 4시간'이라는 계획을 세운다면, 책상 앞에 앉아 딴생각을 하며 4시간을 보냈더라도 계획을 달성했다고 착각할 수 있습니다. 반면 '수학 문제집 3단원 풀기'라는 구체적인 계획을 세운다면 시간과 상관없이 성과 달성 여부에 초점을 맞추게 됩니다. 공부 할당량이 분명하면 잡생각이 들더라도 금세 목표에 집중할 수 있습니다.

이 두 가지 원칙만 잘 지킨다면 계획대로 공부하는 습관이 길러져 성적 향상에 큰 도움이 될 것입니다.

꿈을 위해
대비하자

어린 시절부터 저의 꿈은 과학자였습니다. 대학에 입학하기 전부터 생명공학 연구원이라는 확고한 진로 목표를 갖고 있었지요. 하지만 학부생 신분으로 간접적으로 체험한 과학자의 삶은 제가 생각했던 것과는 많이 다르더라고요. 고등학교를 졸업하고 좀 더 넓은 세상을 경험함으로써 과학 이외의 것들에 눈을 뜰 수 있었고, 보다 새롭고 다양한 꿈을 꾸게 되었습니다.

지금 이 글을 읽고 있는 친구들 역시 작든 크든 저마다 꿈이 있을 것입니다. 물론 아직 정해진 진로가 없거나 적성을 파악하지 못한 친구들도 많겠지요. 하지만 조급할 필요는 없습니다. 성장 과정에서 새로운 꿈을 찾는 사람도 있고, 저처럼 확실하다고 생각했던 꿈이 특별한 계기를 통해 바뀌는 사람도 있기 때문입니다.

중요한 건 언제 어떤 계기로 새로운 목표가 생기더라도 자신 있게 도전할 수 있는 최소한의 환경을 마련해놓아야 한다는 것입니다. 그 환경은 대학교가 될 수도 있고, 학점이 될 수도 있고, 외국어 실력이 될 수도 있습니다. 하다못해 아르바이트로 열심히 모은 돈도 밑천이 될 수 있습니다. 자신만의 강점을 갈고닦아 좋은 환경이 마련되도록 철저히 준비해봅시다. 그러면 나중에 새로운 목표가 생기더라도 자신 있게 도전할 수 있을 거예요.

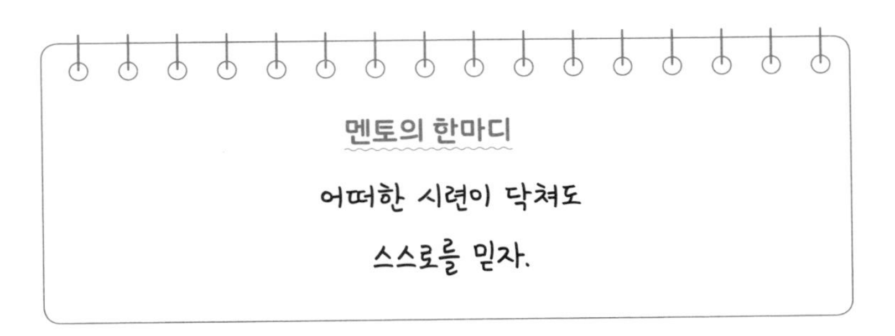

성적이 나빠도 좋다

포항공과대학교 김경범

<table>
<tr><td>이름</td><td>김경범</td><td>대학교</td><td>포항공과
대학교</td><td>학과</td><td>무은재학부</td></tr>
<tr><td>입학연도</td><td>2020년</td><td>전형</td><td>일반</td><td>수능</td><td>-</td></tr>
<tr><td>고등학교</td><td>충남과학
고등학교</td><td rowspan="2">합격
학교</td><td colspan="3" rowspan="2">포항공과대학교, 대구경북과학기술원,
광주과학기술원, 연세대학교,
고려대학교, 성균관대학교</td></tr>
<tr><td>내신</td><td>3.62</td></tr>
</table>

안녕하세요. 포항공과대학교에 재학 중인 김경범입니다. 저는 사교육의 도움 없이 과학고등학교에 입학했고, 친구들에 비해 기본기가 많이 부족해 남들에게 "꿈이 너무 크다." "공부는 그렇게 하면 안 된다." "포기해라." 등의 이야기를 자주 들었습니다. 하지만 끈기를 잃지 않고 인내심을 키우며 열심히 공부했고, 목표로 했던 대학교에 입학할 수 있었습니다.

성적이 나쁘다고
포기하지 말자

성적이 나빠도 좋습니다. 과거의 성적은 중요하지 않습니다. 수시를 준비할 때 '성적이 꾸준히 향상되었다는 점'에 초점을 맞추면 됩니다. 그것만으로도 입학사정관은 우리를 다르게 볼 것입니다. 저는 고등학교 1학년 때 5점대 내신 점수를 받았습니다. 아무런 준비 없이 과학고등학교에 입학해 형편없는 점수를 받았지요. 하지만 좌절하지 않았고 이후 1~2점대까지 점수를 끌어올렸습니다. 자기소개서에 이러한 성공 스토리를 담자 수시 준비가 수월해졌습니다. 처음부터 성적이 좋았다면 입학사정관의 눈길을 끌기 힘들었을지도 모릅니다. 대부분의 대학은 성적 상승 여부와 발전 가능성을 결부해 평가합니다. 실제로 저는 웬만한 서류 전형은 다 통과할 수 있었습니다.

면접은 마음이 맞는 친구들과 모여 서로 자기소개서를 바탕으로 질문을 주고받으며 준비했습니다. 수학면접, 과학면접 등을 보는 대학에 지원하는 친구들도 있어서 서로 시간을 재가며 틀린 부분을 짚어주는 모임을 만들었습니다. 면접의 경우 이렇게 친구들과 함께 준비하니 정말 단기간에 빠르게 실력이 향상되더라고요. 자기소개서와 면접 준비를 잘한 덕분에 저는 대학의 추천을 받아 국가 이공계 장학생으로 선발되기도 했습니다.

과학고의 성적은 피라미드 체계

과학고등학교 1학년 첫 중간고사가 끝난 뒤, 한 선생님께서 칠판에 큰 피라미드를 그리셨습니다. 그리고 제일 위 꼭대기 부분과 가운데 부분, 제일 아래 부분을 따로 표시하면서 이렇게 말씀하셨습니다. "이게 너희의 성적 분포도다. 슬프지만 불변의 법칙이지." 선생님께서는 서울대학교, 카이스트, 포항공과대학교는 제일 위 꼭대기에 있는 친구들만 갈 수 있으며, 나머지 친구들은 꿈을 포기하거나 더 열심히 분발하라고 하셨습니다. 저는 그때 참 큰 충격을 받았습니다. 제 성적은 중간도 못 미치는 하위권에 있었기 때문입니다. 그동안 애써 현실을 외면했지만 눈앞에 그려진 피라미드를 보자 그제야 실감이 났습니다.

뒤늦게 학원을 등록하고, 과외 선생님을 구하는 등 성적을 올리려고 안간힘을 썼습니다. 하지만 성적은 단기간에 오르지 않았고, 학원비와 과외비로 부모님께 부담만 드리는 것 같아 마음이 참 무거웠습니다. 한 선생님께서는 제가 성적 스트레스를 호소하자 "상위권 학생과 경범이 너는 머리부터 차이가 난다."라며 포기를 권유하셨고, 과외 선생님 또한 "그냥 성적을 유지하는 데 만족하자."라고 이야기하셨습니다. 그렇게 모두가 저에게 현실을 직시하라며 충고했습니다. 그러나 저는 포기하지 않았습니다. 저는 제 가치를 깎아내리는 학원, 과외를 모두 그만두고 홀로 학습을 시작했습니다. 다들 사교육 없이 과학고등학교에서 버티는 것은 힘들 것이라고 했지만 저는 제 자신을 믿었습니다.

공부에서 제일 중요한 것은 자신의 능력을 믿는 신념입니다. 저는 주변에서 아무리 저를 폄하해도 스스로를 믿었고, 학원 없이도 홀로 잘 해낼 것이라 믿었습니다. 학교 수업만으로도 성적을 올릴 수 있다고 굳게 확신했습니다. 매일 아침 6시에 기상해 남들보다 일찍 학교에 갔고, 그날 하루 배울 내용을 미리 훑어보는 예습시간을 가졌습니다. 수업시간에는 선생님의 말씀을 놓치지 않고 다 받아 적었고, 수업이 끝난 뒤에는 알아보기 쉽게 간략히 정리하며 복습했습니다. 또한 자투리 시간도 잘 활용했습니다. 영어, 국어는 지문을 따로 녹음해 걸을 때, 급식을 먹을 때 등 틈만 나면 귀로 들으며 암기했습니다.

결국 제 성적은 사교육 없이도 급성장했고, 자신감이 붙자 더 열심히 공부하게 되었습니다. 과거의 저는 학원 숙제를 푸느라 학교 공부는 뒷전이었습니다. 정작 내신 시험을 출제하는 사람은 학교 선생님인데 학원과 과외만 맹신하는 우를 범했던 것입니다. 여러 멘티들을 만나보면 과거의 저처럼 무분별하게 사교육을 맹신하는 경우가 참 많습니다. 물론 사교육은 적절히 잘 활용하면 성적 향상에 큰 도움이 됩니다. 하지만 사교육은 말 그대로 '활용'하는 데 그쳐야 합니다. 이처럼 저는 '과학고등학교에서 살아남으려면 학원에 다녀야 한다.'라는 편견을 깨버리는 하나의 반례가 되었습니다.

감사한 마음을 잃지 말자

제가 입시에서 성공할 수 있었던 이유는 가족 덕분이라고 생각합니다. 부모님은 성적이 잘 나오지 않아도 늘 저를 격려해주셨고, 믿어주셨습니다. 만일 부모님마저도 저를 믿어주지 않았다면 많이 흔들렸을 것 같습니다. 누나 또한 제가 어려운 시기를 이겨낼 수 있도록 옆에서 힘을 불어넣어주었지요.

자기주도학습을 하다 보니 암기가 아닌 이해 중심의 학습을 하게 되었고, 더 깊이 있게 공부해보고 싶다는 생각이 들었습니다. 저는 앞으로 10년은 더 지금처럼 공부할 생각이며, 한 분야의 전문가가 되어 제 이름을 남길 수 있는 사람으로 성장하고 싶습니다.

여러분도 꿈이 있나요? 그 꿈은 무엇인가요? 꿈이 꼭 직업만을 이야기하는 것은 아닙니다. 여러분이 미래에 이루고 싶은 것 또한 꿈이 될 수 있습니다. 꿈이 있다면 마음속에 담아두지만 말고 현실로 실현시켜보면 어떨까요? 여러분 옆에는 항상 소중한 사람들이 있습니다. 감사한 마음을 잃지 말고, 함께 꿈을 이루기 위해 정진하고 노력해봅시다.

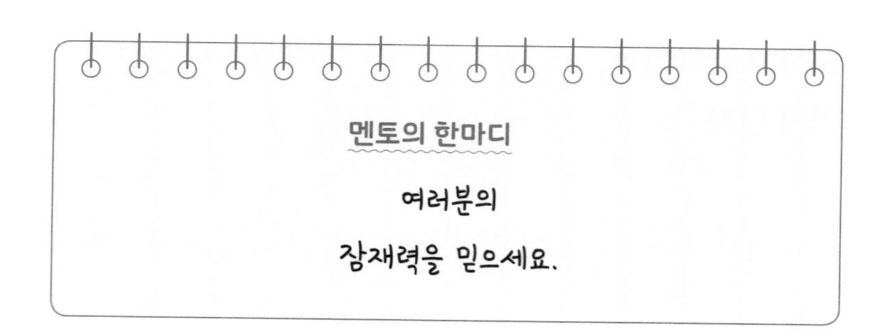
멘토의 한마디
여러분의
잠재력을 믿으세요.

생활기록부, 어렵지 않다

연세대학교 김이영

이름	김이영	대학교	연세대학교	학과	사회학과
입학연도	2017년	전형	학생부종합	수능	-
고등학교	-	합격학교	연세대학교		
내신	-				

| 안녕하세요. 연세대학교 사회학과에 재학 중인 김이영입니다. 저는 학생부종합 전형으로 연세대학교에 입학했습니다. 수시를 준비하는 학생들에게 도움을 주고자 이 글을 쓰게 되었는데요. 생활기록부 및 내신 관리에 조금이라도 보탬이 되었으면 좋겠습니다.

고등학교 생활에 꼭 필요한 세 가지

우선 이제 중학교 졸업을 앞둔 친구들을 위해 고등학교 생활에 꼭 필요한 세 가지를 말씀드릴게요. 물론 환경이 다 다르기 때문에 정답은 없지만, 이 세 가지는 제가 고등학교 3년을 보내면서 꼭 필요하다고 느낀 것들입니다.

첫 번째는 플래너입니다. 아마 많은 친구들이 이미 플래너를 사용하고 있을 텐데요. 혹 플래너가 없다면 지금이라도 구비해두시기 바랍니다. 플래너를 쓰면 저절로 건강한 루틴이 만들어집니다. 저는 달성한 부분을 형광펜으로 쫙 그을 때의 그 뿌듯함이 참 좋더라고요. 이렇게 플래너를 활용하면 목표를 달성할 때마다 작은 성취감을 느낄 수 있으며, 공부뿐만 아니라

고등학교 시절 사용한 플래너와 수첩들

고등학교 생활 전반을 꼼꼼히 챙길 수 있습니다. 또한 학교 행사, 교내외 활동까지 모두 세세히 기록해야 합니다. 학생부종합 전형을 준비 중인 학생이라면 공부 계획보다 이 부분이 더 중요할 수도 있겠네요.

매 학기말이 되면 생활기록부를 작성하고, 고등학교 3학년이 되면 자기소개서를 작성하게 될 텐데요. 고등학교 3학년이 되면 1~2학년 때 내가 무슨 활동을 했는지 기억이 안 나는

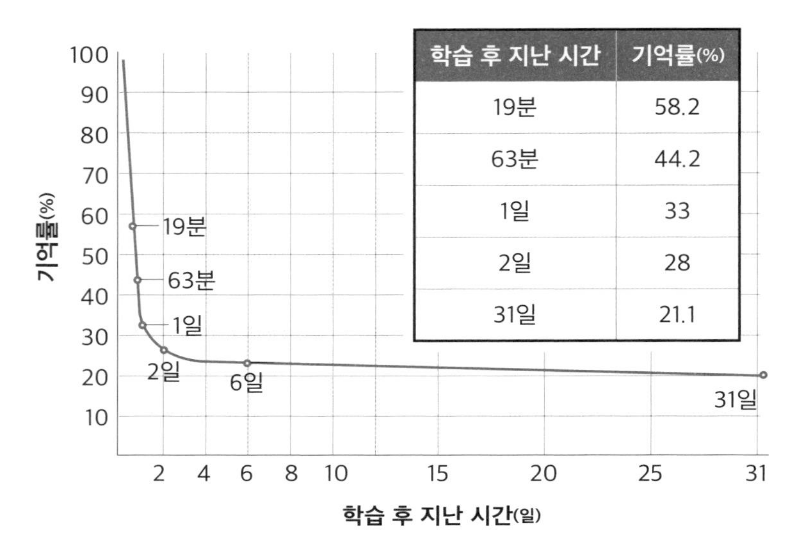

학습 후 지난 시간	기억률(%)
19분	58.2
63분	44.2
1일	33
2일	28
31일	21.1

경우도 많습니다. 실제로 했던 교내외 활동도 제대로 적지 못하는 친구들이 속출했지요. 몇 월 며칠에 어떤 활동을 했고, 무슨 일이 있었는지 일일이 기억하기에는 신경 쓰고 기억해야 할 것들이 너무 많기 때문입니다. 실제로 인간의 기억력은 한계가 있습니다.

헤르만 에빙하우스는 망각을 과학적인 방법으로 연구한 최초의 심리학자인데요. 그는 피험자들에게 의미가 없는 철자를 제시하고 그것을 기억해낼 수 있는 시간을 측정했습니다.

에빙하우스는 실험 결과를 바탕으로 시간 경과에 따른 망각의 양을 측정했는데, 인간은 대개 학습 후 1시간이 지나면 약 절반가량을 망각하게 된다고 합니다. 하루가 지나면 기억의 70%가 유실되고, 한 달이 지나면 80%가 유실됩니다. 그러니 자신의 기억력을 믿지 마시고 그날 한 일을 빠짐없이 기록하세요. 그날 했던 공부를 점검할 때도 플래너는 큰 도움이 됩니다. 플래너를 정리하기만 해도 배웠던 부분을 머릿속에 되새기며 복습하는 효과를 볼 수 있습니다. 이렇게 기록이 쌓이면 생활기록부를 채우기도 용이하고, 아주 좋은 자기소개서의 스토리가 되기도 합니다.

두 번째는 USB입니다. USB 역시 플래너와 비슷하게 기록용으로 꼭 필요한 물건인데요. 고등학교 생활을 열심히 하다 보면 분명 3년 동안 많은 파일들이 쌓이게 될 것입니다. 수업 때 발표를 준비하거나, 대회를 준비하면서 생긴 다양한 파일들이 있겠지요. 이러한 소중한 파일들이 사라지는 불상사가 없도록 꼭 USB를 준비해서 담아두시기 바랍니다. 나중에 자기소개서를 쓸 때 큰 도움이 됩니다.

마지막으로 필요한 것은 바로 민심을 잃지 않는 것입니다. 이 말이 무슨 뜻이냐면 친구들에게, 선생님들에게 신뢰를 잃지 말라는 뜻이에요. 아마 이렇게 생각하는 친구들이 있을 거예요. '고등학교에 가면 관계 관리보다는 공부에 집중해야지!' 그런데 이건 정말 어리석은 생각입니다. 저는 초등학교, 중학교보다 고등학교 때의 관계가 더 중요하다고 생각합니다. 고등학교 3년은 정신적으로도, 체력적으로도 가장 힘든 시기입니다. 웬만큼 정신력이 단단하지 않고서는 무너지기 쉽지요. 관계가 원만하지 않으면 공부에 집중하기도 어려울 거예요. 하지만 저는 고등학교 생활 3년이 별로 힘들지 않았는데요. 그 이유는 하루의 반 이상을 함께 보내는 친구들과 선생님들이 매우 좋았기 때문입니다.

친구들과 공부하다가 선생님 몰래 장난치는 시간도 좋았고, 저녁 먹고 아이스크림을 사러 가는 시간도 좋았고, 매일 밤 10시에 집에 가면서 "8시간 후에 봐!" 하고 인사하는 것도 좋았습니다. 특히 고3 때가 되면 가족보다도 학교 친구들과 더 많은 시간을 보내게 되는 만큼 교우 관계가 무척 중요합니다. 혼자 공부하고, 알아서 내 갈 길을 가겠다는 생각은 너무 위험해요. 더불어 선생님들과의 관계도 중요합니다. 잘 보이기 위해 아부하고 노력하라는 말이 아니라 괜한 갈등을 만들지 말라는 뜻입니다. 공부를 도와주시고, 생활기록부를 작성해주시고, 나중에 추천서와 자기소개서를 봐주실 분들이니까요. 굳이 밉보여서 좋을 게 없겠지요.

생활기록부
작성 노하우

이번에는 생활기록부 작성에 관해 이야기해보겠습니다. 저는 17학번이고, 제가 입시를 준비한 지 벌써 몇 년이 지나 지금은 내용이 조금 바뀌었을 수도 있겠네요. 따라서 큰 틀에서 기본적인 부분을 중심으로 알아보겠습니다. 우선 생활기록부의 기본 구성은 다음과 같습니다.

1. 학반 정보
2. 인적 사항, 학적 사항
3. 출결 상황
4. 수상 경력
5. 자격증 취득 상황
6. 국가직무능력표준 이수 상황
7. 창의적 체험 활동 상황
8. 교과학습 발달 상황
9. 독서 활동 상황
10. 행동 특성 및 종합 의견

이 중 관리가 가능한 부분은 3, 4, 5, 7, 8, 9입니다. 한 가지 명심해야 할 것은 생활기록부는 학년이 올라갈수록 보다 다양하고 깊이 있게 써야 한다는 점입니다. 1학년 때보다는 2학년 때, 2학년 때보다는 3학년 때 내용이 더 풍부하면 좋아요. 물론 3학년은 생활기록부에 기재할 만한 교내외 활동을 하기 조금 부담스러운 시기입니다. 하지만 가능한 선에서 열심히 참여해야 합니다. 3학년 때보다는 비교적 여유가 있는 2학년 때 생활기록부를 더 잘 챙겨야겠지요?

우선 '3. 출결 상황'은 결석, 지각, 조퇴 등을 기록하는 공간입니다. 개근 등의 정보가 입력되기 때문에 간접적으로 자신의 성실함을 드러낼 수 있습니다. '4. 수상 경력'은 최대한 많고 다양하면 좋아요. 지원하려는 학과와 상관없어도 좋으니 1~2학년 때 최대한 다양한 대회에 참가하기 바랍니다. 수상하지 못하더라도 참여한 대회는 꼭 기록해놓았다가 학기말에 과목별 세부 특기사항을 쓸 때 담당 선생님께 기록해달라고 부탁드리세요. 대회는 나중에 자기소개서의 소재가 될 수도 있으니 최대한 많이 참여하는 것이 좋습니다. '7. 창의적 체험 활동 상황'도 마찬가지입니다.

'8. 교과학습 발달 상황'은 과목별 담당 선생님께서 특기사항을 적어주시는 공간입니다. 학생부종합 전형에서는 특히 이 부분을 중요시하는데요. 이 부분을 관리할 수 있다고 이야기한 이유는 수업을 적극적으로 듣는 등 선생님들과의 관계를 잘 유지하면 유리하기 때문입니다. 특기사항은 구체적으로 진로와 연결해 기록하는 것이 좋습니다.

'9. 독서 활동 상황'은 자신이 읽은 책을 기록하는 공간입니다. 독서 활동에서 가장 중요한 것은 편식하지 않는 거예요. 권수보다는 책의 질이 중요하기 때문에 학년이 올라갈수록 수준 높은 책을 읽고 기록하세요. 전공 관련성이 높을수록 좋습니다. 그리고 시간이 된다면 짧게라도 감상문을 기록해둡시다. 주의해야 할 점은 꼭 읽은 책만 기록해야 한다는 것입니다. 드물지만 간혹 입학사정관이 책 내용을 물어볼 때도 있기 때문입니다.

생활기록부와 관련해 멘티들에게 자주 받았던 질문은 '진로 희망이 바뀌어도 되나요?'였습니다. 저는 근거만 뚜렷하다면 바뀌어도 좋다고 생각합니다. 저 역시 1학년 때와 2~3학년 때의 목표 진로가 달랐습니다. 이유와 계기만 확고하다면 진로 목표는 바뀌어도 상관없습니다. 또한 자율 활동에 대한 부분도 질문을 많이 받는데요. 아마 많은 학생들이 학교 행사를 나열하는 데 그치는 경우가 많을 것입니다. 자신만의 특별한 자율 활동 내역을 만들고 싶다면 학생회 임원이나 반장, 부반장을 하는 방법이 있습니다. 하지만 이런 활동이 부담스럽다면 학기 중 다양한 학급 활동에 무조건 적극적으로 참여하세요. 리더십뿐만 아니라 팔로워십도 중요한 덕목 중 하나니까요. 동아리 활동도 중요합니다. 동아리 활동은 가장 흔하지만 동시에 가장 매력적인 자기소개서 소재입니다. 해당 동아리에 왜 가입했고, 무슨 활동을 했으며, 그 활동을 통해서 어떤 변화가 있었는지 기록하는 게 좋아요.

과목별 공부법

이번엔 과목별 공부법을 살펴보겠습니다. 공부법은 사람마다 천차만별이고, 자신에게 맞는 방법이 따로 있으니 참고만 하기 바랍니다. 우선 저는 내신 공부와 모의고사 공부를 따로 하지 않았어요. 둘 다 동시에 준비한다는 생각으로 공부했습니다. 수학, 사회, 과학은 학교 시험과 모의고사 범위가 얼추 비슷하기 때문에 매번 내신을 준비할 때마다 모의고사를 같이 준비한다는 생각으로 함께 대비했습니다. 모의고사 기출문제를 풀면서 내신 준비를 했고, 그래서 내신 준비 기간을 조금 넉넉히 잡아 시험 3주 전부터 시작했습니다. 모든 과목을 최소 3번씩 볼 수 있도록 계획을 세웠는데요. 저의 공부법을 3단계로 나눠 설명하면 다음과 같습니다.

1. 교과서를 읽는다.
2. 교과서 내용을 정리한다.
3. 문제집으로 정리하면서 내가 알고 있는 내용을 확인한다.

그리고 시험 직전에는 친구들과 함께 교과서를 보며 서로 문제 내주기를 반복했습니다. 친구들이 제가 놓친 부분을 언급해줄 때도 있고, 이 과정에서 저절로 복습이 되어 머릿속이 싹 정리되는 효과가 있었습니다.

1. 국어

문제를 내는 선생님의 스타일에 따라 다를 수 있지만, 국어 내신 시험은 모의고사와 조금 달랐습니다. 국어가 암기 과목은 아니지만 내신 시험만큼은 어느 정도 암기가 필요했습니다. 주어진 범위의 지문이 자동으로 외워질 정도로 여러 번 보는 게 좋습니다.

2. 수학

교과서, 보충 교재, 기출문제 순서로 공부했습니다. 제가 다닌 고등학교는 보충 교재와 유사한 문제를 출제할 때가 많아서 보충 교재는 특별히 최소 3번씩 풀었습니다. 수학은 오답노트만 꼼꼼히 챙겨도 좋은 점수를 받을 수 있습니다.

3. 영어

지문을 열심히 읽으면서 내용의 흐름을 한국어로 암기한 다음, 암기한 내용을 바탕으로 영어 문장을 영작했습니다. 본문 암기만 완벽히 해도 내신 시험에서는 80점 이상이 보장됩니다. 그러나 생각보다 본문을 완벽히 외우기는 어렵고, 시간 소모도 많이 되지요. 저는 한국어로 흐름을 외운 후 노트에 영작하는 식으로 암기 효율을 높였습니다.

4. 사회, 과학

읽고, 쓰고, 암기했습니다. 앞서 언급한 3단계 공부법이 가장 잘 적용되는 과목입니다. 개념을 탄탄히 외운 후 내가 어느 정도 암기했는지 확인해보세요. 그 후에 여러 종류의 문제를 풀어보면 감이 생깁니다.

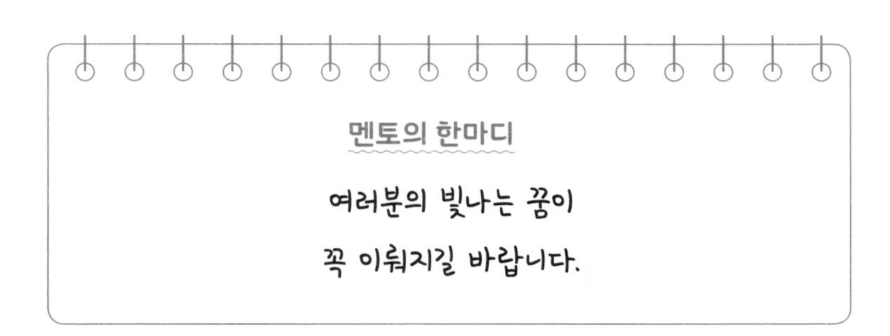
멘토의 한마디
여러분의 빛나는 꿈이
꼭 이뤄지길 바랍니다.

내신 관리 노하우

서울대학교 유승주

이름	유승주	대학교	서울대학교	학과	재료공학부
입학연도	2014년	전형	일반	수능	-
고등학교	충남과학 고등학교	합격 학교	서울대학교, 포항공과대학교, 카이스트, 연세대학교		
내신	-				

| 안녕하세요. 저는 서울대학교 재료공학부 14학번 유승주입니다. 현재는 대학교 졸업 후에 대학원에서 리튬 이온 배터리와 관련된 연구를 하고 있습니다. 저는 고등학교 특성상 수능을 준비하지 않고 수시에 집중했는데요. 내신 성적은 60명 중 3등 정도였고, 여러 비교과 활동을 통해 제 꿈을 찾으려 노력했습니다. 대학교에 와서는 시야를 더 넓히기 위해 세계 각지로 여행을 다녔고, 최근에는 산티아고 순례길을 걸으며 마음을 재정비하는 시간도 가졌습니다. 인생 선배로서 몇 가지 조언을 드리고자 이 글을 쓰게 되었습니다. 부디 여러분의 앞길에 보탬이 되었으면 좋겠습니다.

먼 미래를 걱정하지 말자

여러분의 꿈은 무엇인가요? 저도 한때 꿈만 생각하면 막막하고 가슴이 답답했었습니다. 꿈이 있었지만 과연 이룰 수 있는 목표인지 걱정이 앞섰고, '지금 하는 공부가 그 꿈에 도움이 되는가?' 하는 고민도 있었지요. 그런데 사실 이 고민은 대학교에 가서도 하게 됩니다. 직장에 들어간 이후에도 하게 될 거예요.

너무 먼 미래를 걱정할 필요는 없습니다. 꿈에 대한 고민에 지나치게 빠지면 불필요한 걱정이 늘어날 수 있고, 금방 지치게 됩니다. 물론 학창 시절에 진로 고민을 하지 말라는 뜻은 절대 아닙니다. 꿈에 대한 고민은 언제 해도 부족하고 늘 중요합니다. 다만 일상에 지장이 없도록 적절한 선만 잘 지키면 됩니다.

저는 개인적으로 너무 어릴 때부터 꿈이 확고해도 좋지 않다고 생각해요. 보통 어른이 되어 세상을 보는 눈이 커지면 새로운 꿈이 생기기 마련입니다. 우리가 학교를 다니며 다양한 분야의 과목을 배우는 이유는 무엇일까요? 교육 과정이 세분화된 이유는 최대한 다양한 경험을 간접적으로 해보라는 것이고, 그 속에서 미처 발견하지 못한 적성과 꿈을 하나씩 찾으라는 의미입니다. 그래서 지금 하는 이 공부들이 미래에 우리가 생각하지 못했던 방법으로 도움이 될 수도 있어요. 너무 먼 미래를 걱정하지 말고 지금 이 순간 최선을 다해보면 어떨까요?

그리고 막막할 때는 혼자 고민하는 것보다 대학에 진학한 선배나 해당 직종에서 일하고 계신 분들과 이야기해보는 것을 추천합니다. 그들이야말로 해당 직업의 장단점을 가장 잘 알고 있을 테니까요. 인터뷰 경험이 쌓이면 자연스럽게 자기소개서의 내용도 더 풍부해지겠지요.

시험 출제자의 성향 파악하기

내신 성적을 잘 받기 위해서는 출제자인 선생님들을 파악할 필요가 있습니다. 이를 위해서는 수업시간에 선생님의 말씀을 잘 들어야 하고, 기출문제를 구해 어느 유형의 문제가 주로 나오는지 파악해야 합니다. 각 과목별 특성과 공부법을 파악하는 것도 중요한데요. 제가 파악한 과목별 특성과 공부법을 간단히 소개하겠습니다.

1. 수학

우선 수학은 기초적인 문제는 사실 조금만 공부하면 누구나 다 풀 수 있습니다. 몇 가지 어려운 유형의 문제들이 성적을 결정하게 되는데요. 어려운 유형의 문제를 풀 수 있는 능력을 키우기 위해서는 평소에 해설을 보지 말아야 합니다. 이 이야기를 하면 '해설 분석이 중요하다고 들었는데, 왜 보지 말라는 거지?'라는 생각이 들지도 모릅니다. 해설을 보지 말아야 하는 이유는 수학 실력을 키우는 데 방해가 되기 때문입니다. 문제가 어려우면 실력을 향상시킬 수 있는 좋은 기회라고 생각하고 접근해야 합니다. 정말 오랫동안 고민하고, 노력해도 안 풀리는 문제만 따로 해설을 참고하도록 합시다. 저는 과장 없이 한 문제를 5일 동안 고민한 적도 있었어요. 물론 5일 동안 이 문제 하나만 붙잡고 고민한 것은 아니었고, 자투리 시간을 활용해 계속 문제를 풀려고 애썼습니다.

2. 영어

영어는 사실 시간과의 싸움입니다. 시간을 많이 투자할수록 성적이 오를 것입니다. 내신 시험은 교과서 지문만 다 외워도 좋은 점수를 받을 수 있습니다.

3. 과학

과학은 기초가 응용보다 더 중요합니다. 기초를 잘 다지기 위해서는 개념서를 정독해야 하는데요. 개념을 외우는 게 지루해 응용으로 넘어가는 경우가 많은데, 헷갈리는 부분은 완벽하게 이해될 때까지 반복해서 숙달해야 합니다. 반드시 다 이해하고 넘어가시기 바랍니다.

참고로 저는 복습보다 예습이 더 중요하다고 생각합니다. 예습을 하지 않은 상태로 수업을 듣게 되면 처음 접하는 내용이 생소하게 느껴질 것이고, 수업에 몰입하기도 어려워집니다.

소화하기 어려운 내용이 나오면 '아, 이때 복습할 때 다시 보면 되겠지.' 하는 안일한 생각이 들지 모릅니다. 예습을 하지 않으면 복습하는 시간이 자연스럽게 길어지고, 복습의 효율도 떨어지게 됩니다.

예습을 철저히 하면 수업 때 집중도 잘되고, 복습하는 시간도 줄일 수 있습니다. 물론 예습을 한다고 해서 모든 내용을 통달할 수는 없습니다. 어쩌면 간신히 용어를 이해하는 데 그칠지도 모릅니다. 하지만 용어만 익숙해져도 선생님의 말씀이 더 잘 이해될 것입니다. 요점은 수업을 들을 때 '따로 복습할 시간은 없다. 지금 다 이해하고 간다.'라는 생각을 가지는 것입니다.

복습을 간과해서는 안 되겠지만 시간상 둘 중 하나만을 선택해야 하는 상황이라면 예습에 집중하기 바랍니다. 그리고 본인이 약한 과목은 중학교 때 고3 내용까지 다 살펴볼 필요가 있습니다. 이미 고등학생이라면 방학을 최대한 활용해 예습에 집중해야 합니다. 저 같은 경우 평소 어렵게 느껴지던 물리, 화학, 수학을 최대한 집중적으로 예습했습니다. 중학교 때 보통 고등학교 수학, 과학은 앞부분이라도 살펴보고 들어가게 되잖아요? 아마 이해되지 않는 부분이 절반 이상이어서 '예습이 진짜 효과가 있는 건가?' 싶은 마음이 들지도 모릅니다. 하지만 고등학교에 들어가면 왜 예습이 중요하다고 강조했는지 깨닫게 될 것입니다. 수업을 이해하는 속도가 다를 수밖에 없으니까요. 그러니 복습보다는 예습에 집중하고, 가능하다면 복습도 함께 병행하기 바랍니다.

꿈과 맞는 교내외 활동을 찾자

흔히 내신 성적이 수시 합격의 당락을 결정한다고 생각하는데요. 물론 내신도 중요합니다. 겉으로 드러나는 객관적인 지표이기 때문이지요. 하지만 성적이 비슷하다면 입학사정관은 어떤 학생이 해당 학과에 더 어울리는 사람인지 판단해야 합니다. 이때 교내외 활동 내역이 입학사정관의 마음을 사로잡는 무기가 될 수 있습니다.

어떤 교내외 활동을 해야 할지 감이 잘 오지 않는다면 학교 선배들의 자기소개서를 참고하기 바랍니다. 거기에 적혀 있는 교내외 활동들을 하나씩 해보면 됩니다. 어떻게 자기소개서에 풀어낼지는 그다음 문제입니다. 시간과 돈이 아깝다는 생각은 하지 말고 일단 최대한 다양한 교내외 활동에 참여해보세요. 물론 본인이 감당하기 힘든 수준의 교내외 활동은 피해야 합니다.

실패를 두려워 말자

성적이 좋다고 남들보다 특출난 재능이 따로 있는 것은 아닙니다. 전교 1등도 결국 똑같은 '사람'입니다. 서울대학교에 와보니 알겠더라고요. 그러니 겁먹지 말고 도전하세요. 실패를 두려워하지 말기 바랍니다. '난 내가 할 수 있는 만큼 최선을 다해 노력했으니 실패해도 후회하지 않는다.'라는 마음가짐으로 적극적으로 도전해보세요.

그리고 혹시 아직 꿈이 없다면 주변에 도움을 요청해보세요. 이 세상에는 아직 우리가 알지 못하는 재미있는 것들이 많습니다. 실제로 대학교에 와서 꿈이 바뀌는 친구들도 참 많아요. 두루두루 경험해보지 않고 무언가를 포기하는 멘티들을 보면 참 안타깝더라고요. 각자의 길에서 열심히 노력한다면 꼭 꿈을 이루게 될 것입니다.

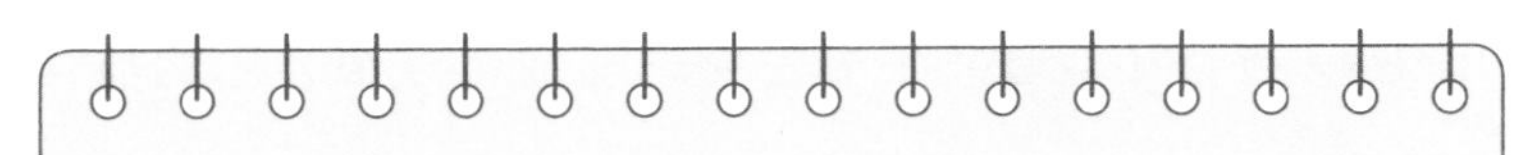

멘토의 한마디

이 세상에는 재밌는 일들이 참 많습니다.

과제를 하나씩 풀어나가면 꿈과 가까워질 것입니다.

예체능계의 분투기

서울대학교 박유찬

<table>
<tr><th>이름</th><td>박유찬</td><th>대학교</th><td>서울대학교</td><th>학과</th><td>디자인학부</td></tr>
<tr><th>입학연도</th><td>2019년</td><th>전형</th><td>일반</td><th>수능</th><td>2·8·3·1·2·1</td></tr>
<tr><th>고등학교</th><td>상명
고등학교</td><th rowspan="2">합격
학교</th><td colspan="3" rowspan="2">서울대학교</td></tr>
<tr><th>내신</th><td>5점대</td></tr>
</table>

| 안녕하세요. 서울대학교 디자인학부에 재학 중인 박유찬입니다. 저는 어릴 때부터 미술에 관심이 많아 자연스럽게 미대 입시를 준비하게 되었고, 서울대학교 디자인학부를 목표로 전략적으로 수시를 준비했습니다. 그리고 현재는 대중미술보다는 순수미술에 더 끌려 서양화 레슨을 받으며 전과를 준비하고 있습니다. 제 꿈은 미래에 화가로 데뷔하는 것입니다.

다사다난했던
미대 입시

제 입시 전략은 사실 그대로 따라 하기에는 리스크가 큰 편입니다. 저는 미대 입시 준비를 고등학교 2학년 말부터 시작했습니다. 모의고사 성적은 잘 나오는 편이었지만 실기는 기본기가 약할 수밖에 없었지요. 학원에선 시간과 기본기가 부족했기 때문에 서울대학교 입시에 집중하면 어떻겠냐고 조언했습니다. 고3을 코앞에 두고 저 역시 '다른 전형은 포기하고 하나라도 잘 준비하자.'라고 생각했어요. 되돌아보면 재수를 감수해야 하는 위험한 선택이었습니다. 부디 이 글을 보고 있는 여러분은 현명하게 입시 전략을 짜기 바랍니다.

당시 서울대학교는 특이하게도 다른 미대와 달리 별도의 특이한 유형의 시험을 쳐야 했습니다. 즉 다른 전형은 모두 포기한 채 말 그대로 '모 아니면 도'라는 마인드로 도박을 한 것입니다. 고3부터 거의 매일 강남 미술학원과 고등학교를 오가는 생활을 했고, 자연스럽게 모의고사 성적은 내려가기 시작했습니다. 서울대학교 최저등급을 간신히 맞추거나 맞추지 못하는 정도에서 오락가락했지요. 하지만 서울대학교 미대는 수시 100%였기 때문에 당장은 실기에 모든 것을 집중할 수밖에 없었습니다. 실기 시험 날짜가 다가오자 학원에서 매일 모의시험을 봤고, 틀린 문제는 오답노트를 정리하며 최대한 숙지하려고 노력했습니다.

그렇게 원서 접수 기간이 다가오고 저는 서울대학교, 한양대학교, 한국예술종합학교 세 학교에 지원했습니다. 한양대학교의 경우 생활기록부를 반영했기 때문에 합격 확률이 희박했으나, 실기 시험 유형이 서울대학교와 유사해 혹시나 하는 마음에 지원하게 되었습니다. 물론 당연히 내신을 관리하지 못했기 때문에 1차에서 불합격했지요. 한국예술종합학교는 실기 시험이 서울대학교 면접 준비 기간과 겹쳐 응시를 포기했습니다.

이후 다행히 서울대학교 실기 시험에 합격했지만, 약 9개월 동안 수능 공부에서 손을 뗐기 때문에 남은 한 달간 어떻게 해서든 점수를 끌어올려야 했습니다. 저는 내려간 성적을 복구하기 위해 수능 준비에 모든 것을 쏟았고 다행히 원하는 성적을 받을 수 있었습니다.

돌이켜보면 정말 위험천만한 선택의 연속이었습니다. 만일 서울대학교 미대에 관심이 있다면 반드시 입시 전형부터 꼼꼼히 확인하기 바랍니다. 2021년 기준으로 정시 비중이 확대되어 수능 성적이 매우 중요해졌습니다. 전처럼 수능 직전까지 실기 준비를 해야 하는 상황이 아니므로, 수능에 좀 더 집중하는 등 저와는 다른 방식으로 접근해야 할 것입니다(심지어 실기 시험을 보지 않는 비실기 전형도 있습니다).

벼락치기가 가능한 사회탐구 영역들

저는 고3 대부분의 기간 동안 수능 공부를 하지 않았습니다. 그래서 실기에 합격한 이후 벼락치기로 사회탐구 영역을 훑었는데요. 다른 과목들은 어느 정도 기본기가 있었지만 사회탐구는 아예 처음부터 공부해야 하는 상황이었습니다. 제가 한 달간 사회탐구 성적을 3~4등급에서 1~2등급으로 올린 방법은 다음과 같습니다.

우선 저는 생활과 윤리, 사회문화를 선택했습니다. 각 과목의 쉬운 개념서와 조금 어려운 개념서 2권을 구비한 후 일주일 동안 쉬운 개념서를 독파하고, 그다음 일주일 동안 조금 어려운 개념서를 독파했습니다. 이해가 되지 않더라도 우선 빠르게 넘어가 최대한 많이 보려고 노력했습니다. 이렇게 끝까지 쭉 진도를 나간 다음, 부족하다고 생각되는 단원만 인터넷 강의로 보충했습니다. 부족한 단원만 골라 집중적으로 공부하고, 이후 남은 2주간 기출문제집을 최대한 많이 반복해서 풀었습니다. 이렇게 딱 한 달 동안 말 그대로 목숨을 걸고 공부했습니다.

벼락치기에서 가장 중요한 것은 초인적인 집중력입니다. 최단 시간에 최대의 효율을 끌어낼 수 있는 집중력이 필요합니다. 저처럼 수능을 코앞에 두고 벼락치기를 하는 상황은 절대 있어서는 안 되지만, 늘 벼락치기를 하는 마음가짐으로 집중력을 발휘하기 바랍니다. 최대한 빠르게 모든 내용을 습득하려는 의지만 있으면 공부시간을 훨씬 효율적으로 쓸 수 있습니다. 또한 사회탐구는 자신에게 잘 맞는 과목을 고르는 것이 중요합니다. 만약 국어에 약한 편이라면 지문이 어려운 생활과 윤리는 추천하지 않습니다.

하면 된다는 마음가짐으로

저는 고2 때까지 입시에 대한 계획이나 목표로 하는 대학이 없었습니다. 내신은 전혀 관리하지 않았고 모의고사 준비만 적당히 하는 편이었습니다. 제가 제대로 공부했던 기간은 수능 직전 약 5주뿐이었지요. 5주 동안 모든 것을 걸고 공부했던 이유는 단순합니다. 절박했기 때문입니다.

수능 성적이 나오지 않으면 9개월간 준비한 실기 공부가 무용지물이 되는 상황이었고, 정시에서도 희망은 없었습니다. 가정형편상 재수도 힘들었기 때문에 저는 당시 '고졸'과 '서울대생'이라는 두 가지 극단적인 결과 중 하나를 맞이하게 되는 상황이었지요. 끝까지 포기하지 않았던 이유는 무엇이든 하면 된다는 마음가짐 때문었습니다.

저는 학원에서도 중위권에 위치해 있었기 때문에 아무도 큰 기대를 걸지 않는 학생이었습니다. 하지만 하면 된다는 생각으로 미친 듯이 모든 것을 쏟아부었고, 그 결과 서울대학교 입학의 꿈을 이룰 수 있었습니다. 부디 여러분도 꿈을 포기하지 말고 나중에 후회가 없도록 최선을 다해 도전해보기 바랍니다.

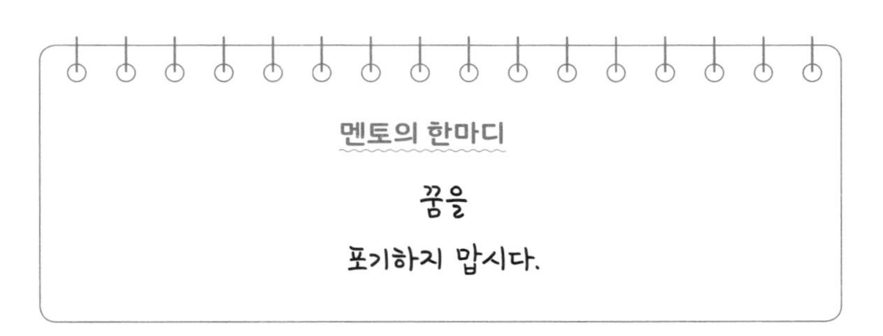

2장 핵심요약

- 이루고자 하는 목표가 있다면 그 목표를 위해 도움이 될 만한 교내외 활동을 찾아보자. 교내외 활동에 적극적으로 참여한다면 생활기록부, 자기소개서의 콘텐츠가 훨씬 풍부해질 것이다.
- 성적만 본다는 세간의 편견과 달리 대학은 다양한 수시 전형을 통해 학생들의 개성과 특성을 분석하기 위해 노력하고 있다. 비교과 활동에서 인정할 만한 성과를 거둔다면 입학사정관도 그 노력과 열정을 꼭 알아볼 것이다.
- 과거의 성적은 중요하지 않다. 수시를 준비할 때 '성적이 꾸준히 향상되었다는 점'에 초점을 맞추면 된다. 그것만으로도 입학사정관은 우리를 다르게 볼 것이다.
- 생활기록부는 학년이 올라갈수록 보다 다양하고 깊이 있게 써야 한다. 1학년 때보다는 2학년 때, 2학년 때보다는 3학년 때 내용이 더 풍부하면 좋다. 물론 3학년은 생활기록부에 기재할 만한 교내외 활동을 하기 조금 부담스러운 시기다. 하지만 가능한 선에서 열심히 참여해야 한다.

- 내신 성적을 잘 받기 위해서는 출제자인 선생님들을 파악할 필요가 있다. 이를 위해서는 수업시간에 선생님의 말씀을 잘 들어야 하고, 기출문제를 구해 어느 유형의 문제가 주로 나오는지 파악해야 한다. 각 과목별 특성을 파악하는 것도 중요하다.
- 미리 입시 전략을 짜지 않으면 다른 전형은 모두 포기한 채 말 그대로 '모 아니면 도'라는 마인드로 도박을 하게 될 수 있다. 또한 너무 늦었다고 포기해선 안 된다. 나중에 후회가 없도록 무엇이든 하면 된다는 마음가짐으로 최선을 다해 도전해보자.

3장

: 입시에 전략을 더하다

"대비에 실패하면,
실패를 대비하게 된다."

_ 벤저민 프랭클린(Benjamin Franklin)

수시를 준비하는 학생들이 첫 번째로 마주하는 난관은 바로 자기소개서입니다. 자기소개서는 '나'라는 사람이 대학에서 요구하는 인재상에 얼마나 부합하는지 구체적으로 보여줄 수 있는 가장 좋은 무기이자, '나'를 알리고 포장하는 중요한 매개체입니다. 그런데 자기소개서를 대수롭지 않게 생각하고 느긋하게 작성하는 학생들이 많습니다. 아무런 준비 없이 나태하게 시간을 보내다 뒤늦게 자기소개서를 날림으로 작성하기도 하지요. 그러다 결국 남들과 똑같은 평범한 자기소개서를 제출하곤 합니다. 물론 자기소개서만으로 불합격할 학생이 합격하는 경우는 드뭅니다. 하지만 대학교의 입장에서 생각해봅시다. 성적이나 평가 요인이 비슷한 수준의 학생들 중 누군가를 떨어트려야 한다면, 당연히 자기소개서가 합격의 당락에 큰 영향을 미칠 것입니다. 자기소개서를 대충 쓴다는 것은 대학교에 나를 어필할 수 있는 절호의 기회를 놓치는 것과 같습니다.

자기소개서를 쓰는 일은 생각보다 많은 시간이 듭니다. 보통 생활기록부에 있는 내용을 바탕으로 작성하게 되는데요. 쓰다 보면 생활기록부에서 누락된 교내외 활동 등이 뒤늦게 발견될 때가 많습니다. 그러면 다시 생활기록부를 점검해 추가하고 보충하는 작업을 거쳐야겠지요. 따라서 자기소개서는 3학년

1학기부터 여유롭게 미리 준비해야 합니다.

자기소개서는 내 경험을 나열하는 것이 아닙니다. 정해진 문항과 형식을 지켜야 합니다. 총 4개 문항이 주어지는데, 대다수의 대학교가 1~3번 문항은 한국대학교육협의회의 공통 양식을 사용합니다.

1. 고등학교 재학 기간 중 학업에 기울인 노력과 학습 경험에 대해 배우고 느낀 점을 중심으로 기술해주시기 바랍니다.
2. 고등학교 재학 기간 중 본인이 의미를 두고 노력했던 교내 활동을 배우고 느낀 점을 중심으로 3개 이내로 기술해주시기 바랍니다.
3. 학교생활 중 배려, 나눔, 협력, 갈등 관리 등을 실천한 사례를 들고, 그 과정을 통해 배우고 느낀 점을 기술해주시기 바랍니다.

4번 문항은 대학별로 상이한데요. 참고로 2022년부터는 한국대학교육협의회의 공통 양식이 3개 문항에서 2개 문항으로 바뀔 예정입니다.

1. 고등학교 재학 기간 중 지원한 분야와 관련해 어떤 노력과 준비를 해왔는지 지원 동기와 본인에게 의미가 있는 학습 경험, 교내 활동 등을 중심으로 기술해주시기 바랍니다.
2. 고등학교 재학 기간 중 공동체(동아리, 학급, 학교 등)에 기여한 교내 활동(수업 활동 포함)을 본인의 특성이 잘 드러나도록 기술해주시기 바랍니다.

매년 자기소개서를 첨삭하다 보면 참 안타깝습니다. 학생들이 교내외 활동 위주로 자기소개서를 기술하느라 질문의 요지를 놓치는 경우가 많기 때문입니다. 대학이 따로 제공하는 4번 문항에 집중하느라 공통 문항의 내용을 잘 읽지 않고 넘어가는 경우도 많지요. 또한 자신의 경험을 나열하는 데 급급해 묻지도 않은 이야기를 쏟아내기도 합니다. 자기소개서의 핵심은 문항의 요지를 정확히 파악하는 데 있습니다. 자기소개서는 말 그대로 '자기를 소개하는 글'이지 자신이 얼마나 어려운 연구를 했고 실험을 했는지 자랑하는 서류가 아닙니다. 최대 1,500자 내로 자신을 소개해야 하는데, 장황하게 교내외 활동 내역을 나열하다 보면 글이 산으로 갈 수밖에 없습니다.

따라서 '내가 무엇을 했다.'가 아니라 '내가 무엇을 해서 어떻게 변화했다.'에 초점을 맞춰야 합니다. 문항을 다시 자세히 읽어봅시다. 문항 뒷부분에 '배우고 느낀 점을 중심으로 기술해주시기 바랍니다.'라고 제시되어 있는 게 보이시나요? 대학에서 따로 제공하는 추가 문항도 방향성은 크게 다르지 않을 것입니다. 즉 내가 무엇을 했는지가 아니라 내가 무엇을 배우고 어떻게 발전했는지를 적어야 합니다.

저는 매년 100여 개의 자기소개서를 첨삭하는데요. 매번 '아, 또 비슷한 이야기를 하는구나.'라는 생각이 자주 들더라고요. '적게는 수천 장, 많게는 수만 장의 자기소개서를 읽어야 하는 입학사정관은 오죽할까?' 하는 마음도 듭니다. 예를 들어 1번 항목에서는 백이면 백 '원래 어떤 과목의 성적이 안 좋았는데 열심히 공부해서 성적을 올렸다.'라는 내용뿐입니다. 학생의 신분에서 좋은 성적을 얻기 위해 노력하는 건 당연한 일 아닌가요? 그런데 이것을 자기소개서에 쓰는 것이 과연 도움이 될까요? 정말 밑바닥을 맴돌다가 전교 1등이 된 경우가 아니라면 눈에 띄기 힘들 것입니다.

자기소개서를 첨삭하다 보면 이런 생각도 듭니다. '우리나라 고등학생들 중에 동아리를 만들어본 경험이 없거나, 회장이나 반장 등을 안 해본 학생이 과연 있는 걸까?' 이런 생각이 드는 이유는 천편일률적으로 동아리 창설 및 활동, 리더십 활동 등을 어필하기 때문입니다. 리더십, 물론 중요하지요. 문제는 자신이 리더로서 무엇을 느끼고, 어떻게 변화했는지 기술하지 않고 항상 뿌듯했다는 말로 끝나는 경우가 많다는 점입니다.

1. 쓸 내용이 없다고 생각하지 맙시다. 일단 내가 했던 대내외 활동 등을 연 단위 혹은 학기 단위로 나눠서 나열해봅시다. 그렇게 쭉 목록을 만들어 정리하면 자기소개서에 무엇을 넣을지 명확해집니다.
2. 엄청나게 독특한 일이 아니어도 됩니다. 일상에서 궁금증을 해소했던 사소한 경험도 좋은 소재가 될 수 있습니다.
3. 소재를 단순히 나열하지 말고, 전체적인 흐름을 잡고 스토리텔링 해봅시다.
4. 자기소개서에 있는 내용을 뒷받침할 수 있도록 생활기록부에 신경 씁시다.
5. 궁금증을 유발할 수 있는 문장을 넣어 면접에서 질문을 유도해봅시다.
6. 쓸 내용이 없더라도 글자 수는 최대한 맞춥시다. 대학에 어필할 수 있는 최소한의 정성입니다.

7. 다른 사람들의 말에 너무 쉽게 흔들리지 맙시다. 첨삭을 자주 받으면 일관성이 없어지고, '나'라는 사람의 색깔이 흐려집니다.
8. 문장을 정말 유려하게 잘 쓸 자신이 없다면 되도록 짧고 간결하게 씁시다.
9. 단어 선택에 유의합시다. 예를 들어 고입을 준비하는 중학생의 자기소개서에서 '바야흐로'라는 단어가 있는 경우도 봤는데, 이러면 당연히 '과연 중학생 본인이 직접 쓴 것일까?'라는 의구심이 들 수밖에 없습니다.
10. 맞춤법과 띄어쓰기는 기본 중의 기본입니다.
11. 지원하는 대학과 학과의 특성에 맞춰 자기소개서를 작성합시다. 1~3번이 공통 문항이라고 해서 모든 대학에 똑같이 제출하는 학생들이 많은데요. 내가 지원하는 대학과 학과의 특성에 맞춰 내용을 조금씩 바꿔서 써야 합니다. 학교마다 추구하는 인재상이 다르고, 비슷한 이름의 학과여도 수업 내용이나 방향이 다를 수 있습니다.
12. 지원 동기에 '이 학교에 입학해 대한민국을 발전시키고 전공 분야에서 세계적인 권위자가 되겠다.' 하는 뻔한 이야기는 빼는 게 낫습니다.

겸손하지만 당당하게

서울대학교 이주아

이름	이주아	대학교	서울대학교	학과	간호학과
입학연도	2019년	전형	기회균형	수능	-
고등학교	-	합격학교	서울대학교, 중앙대학교, 가천대학교		
내신	-				

"안녕하세요. 공부만 잘하는 1등이 아닌 놀 줄 아는 2등 이주아입니다." 서울대학교 수시면접에서 했던 저의 자기소개 멘트입니다. 저는 실제로 한 번도 전교 1등을 해본 적이 없습니다. 전교 1등을 하기 위해서는 정말 많은 시간과 노력을 공부에 투자해야 하는데, 저는 저의 꽃다운 10대를 오롯이 공부로만 소비하고 싶지 않았습니다. 그래서 학교 선생님들 중 제가 서울대학교에 합격하리라고 예상하신 분이 거의 없을 정도로 정말 열심히 놀았습니다. 덕분에 저의 학교생활은 행복하고 찬란했습니다. 서울대학교에 지원하는 학생이라면 명함처럼 들고 다니는 '전교 1등 이력'은 없었지만 기죽지 않았습니다. '공부도 잘하고 놀 줄도 아는 학생'이라는 점을 어필해 당당히 합격할 수 있었지요.

저는 피구를 좋아합니다. 상대를 아웃시킬 때, 경기에서 이겼을 때 느껴지는 짜릿함이 좋더라고요. 수학을 좋아하는 이유도 이와 비슷합니다. 문제를 풀어낼 때, 시험에서 좋은 점수를 받았을 때 느껴지는 짜릿함이 좋기 때문입니다. 저는 승부욕이 매우 강해 경기에서는 반드시 이겨야 하고, 시험에서는 반드시 높은 점수를 받아야 했습니다. 그런데 고등학교 첫 수학 시험에서 점수는 바닥을 쳤고, 결국 그날 집에서 3시간을 울었습니다. 수학 문제를 틀린 제가 한심하게 느껴져 눈물이 났지요.

이후 저는 이기기 위해 공부했습니다. 수학에 지기 싫었습니다. 물론 모든 피구 경기에서 이길 수 없듯이 모든 시험에서 좋은 성적을 거둘 수는 없었습니다. 그럴 때면 좌절할 시간도 없이 더욱 열심히 공부했습니다. 그 결과 수학 등수는 70등 가까이 올랐고, 수능에서 1등급을 받을 수 있었지요. 수학을 이긴 후에는 다른 과목들도 이기고자 노력했습니다. 저에게 공부는 스포츠와 같았고, 공부를 정복해 늘 시험이라는 경기에서 승리하고 싶었습니다.

자기소개서는 겸손하지만 당당하게

학생들은 대부분 질문에 답을 적는 방식으로 자기소개서를 작성합니다. 그러나 저의 방식은 조금 달랐는데요. 먼저 넓은 종이에 '나'에 대한 마인드맵을 그렸습니다. 그리고 뒷장에는 그것을 참고해서 자신의 장단점을 10개씩 적었습니다. 이때 귀찮더라도 단어보다는 문장으로 적는 것이 좋습니다. 다른 종이에는 해당 학과에서 요구하는 자질이 무엇인지 적었습니다(자신이 소망하는 직업에 대한 자질도 좋습니다. 예를 들면 '간호사에게 요구되는 자질'처럼 말이지요). 그 뒷장에는 자신의 교내외 활동 중 자랑할 만한 것들, 혹은 필요한 자질을 나타낼 수 있는 경험들을 적었습니다. 참고로 이 과정에서 생활기록부를 참고하면 좋습니다.

여기까지 끝냈다면 이제 재료는 다 모였습니다. 글을 구성하기만 하면 됩니다. 자신의 장점을 필요한 자질과 연결하고, 그것을 증명할 사례를 고릅니다. 그리고 이제 적절한 문항에 그것을 잘 적기만 하면 됩니다. 예를 들면 다음과 같습니다.

1. 나의 장점: 완벽을 추구함
2. 필요한 자질: 정확성과 끈기
3. 증명할 사례: 수학 성적을 올린 경험

고2 겨울방학 때 미리 자기소개서를 작성해보기 바랍니다. 그래야 3학년 1학기 때 부족한 부분을 채울 수 있어요. 해당 학과에 지원한 경쟁자들의 성적은 거의 비슷할 것입니다. 그 가운데서 입학사정관의 눈길을 끌려면 남들과 다른 차별화된 무언가를 보여줘야 합니다.

차별화에 실패하는 가장 큰 이유는 자신에게 특별한 경험이 없다고 속단하기 때문입니다. 하다못해 '피구를 좋아하는

나'부터 시작해 '전교 1등을 해보지 못한 나'도 좋은 사례가 될 수 있습니다. 차별화는 소재의 신선함에서 비롯되지 않습니다(물론 소재가 신선하면 도움은 됩니다). 차별화는 생각의 깊이와 스토리텔링에서 비롯됩니다. 그리고 잊지 마세요. 핵심은 '겸손하지만 당당하게'입니다. 만일 제가 전교 1등을 해보지 못했다고 이야기할 때 당당하지 못했다면 오히려 흠이 되었을지도 모릅니다. 마찬가지로 겸손하지 못하게 너무 대놓고 수학 성적을 자랑했다면 입학사정관에게 밉보일 수도 있었겠지요. 겸손하고 당당하게 자신을 어필하기 바랍니다.

공부는
의지다

저는 어려운 가정 형편으로 인해 사교육을 받지 못했습니다. 교과서와 학교 선생님이 준 수업 자료가 전부였지요. 그래서 최대한 수업시간에 집중했고, 모르는 것은 쉬는 시간에 선생님께 찾아가 질문했습니다. 방과 후에는 야간자율학습실이나 스터디카페에서 내용을 완전히 이해할 때까지 복습했고, 시험 기간에는 교과서 문제를 8번 이상 반복해서 풀었습니다. 저만의 요약 노트를 만든 다음에는 빈 종이에 안 보고 그대로 쓸 수 있을 정도로 암기했습니다.

우리는 수능 공부를 할 때 출제 경향 및 연계율 등을 따지곤 하는데요. 교과서는 내신 시험 연계율 100%짜리 자료와 다름없습니다. 또한 우리는 매일 시험 출제자(학교 선생님)의 강의를 현장에서 듣고 있지요. 그러니 내신을 잘 받고 싶다면 학교 수업에 집중하고, 교과서를 열심히 반복해서 보기만 하면 됩니다(당연한 이야기 같지만 간과하는 학생들이 참 많습니다). 이를 통해 출제원리를 파악하면 점수는 저절로 오를 것입니다. 또한 질문하기를 망설이지 마세요. 조금이라도 헷갈리는 것이 있으면 선생님께 찾아가 질문합시다. 공부는 의지입니다. 하고자 하는 의지만 있으면 얼마든지 할 수 있으니 겁먹지 말고, 상황을 탓하지 말고, 이 악물고 담대히 맞서기 바랍니다.

플래너 작성하기

저는 시험 기간에만 플래너를 작성했는데요. 흰 종이에 달력을 그리고, 날짜별로 공부해야 할 과목과 분량을 적었습니다. 월

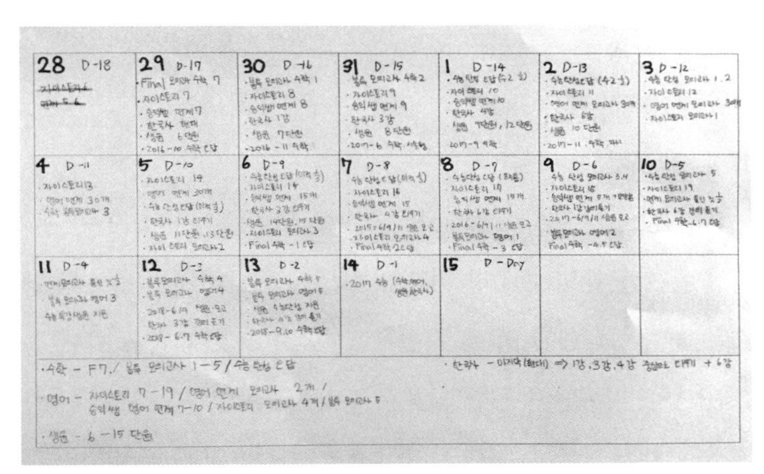

시험이 30~45일 남은 시점부터 작성한 플래너

요일은 국어를 공부하고, 화요일은 수학을 공부하는 등 이렇게 하루에 한 과목씩 공부할 분량을 배정하고 과목별로 적어도 3일 이상 간격을 두었습니다. 보통 일주일 단위로 계획을 짰는데, 이때 부족하다고 생각되는 과목은 하루 더 배정했습니다. 예를 들면 다음과 같습니다.

월: 국어

화: 영어

수: 수학

목: 사회

금: 화학

土: 한국사

일: 국어

미흡한 과목(국어)만 이틀을 할애하고 나머지는 하루씩 할애한 계획입니다. 이렇게 시험을 한 달 앞두고 계획을 짜면 과목당 3일, 많게는 4~5일 정도를 공부할 수 있습니다. 내신 시험을 준비하기에 충분한 시간이지요. 저는 3일을 배정받은 과목을 기준으로 다음과 같이 공부했습니다.

1일: 교과서 및 수업 자료 정독, 요약 노트 작성

2일: 요약 노트 암기

3일: 백지에 외운 부분 서술

하루에 한 과목만을 배정하는 이유는 온전히 그 과목에만 집중하기 위해서입니다. 이런 식으로 계획을 짜는 게 제 성향에 더 잘 맞더라고요. 개인적으로 과목마다 공부하는 방법이 다르고 호흡이 다르므로 하루에 여러 과목을 배정하는 것은 비효율적이라고 생각합니다. 놀고 싶은 날에는 비교적 공부량이 적은 과목을 배정하기 바랍니다. 조금만 공부하고 놀더라도 마음이 불편하지 않도록 말이지요. 플래너의 계획은 '지키기 위해 있는 것'입니다. 배정한 과목은 미루지 말고 꼭 완벽하게 끝마치기 바랍니다.

여러분이
행복하길 바라며

하고자 하는 의지만 있다면 우리는 얼마든지 더 높은 점수를 받을 수 있고, 더 오랜 시간 집중할 수 있습니다. 공부도 하다 보면 은근히 매력 있고 재미있어요. 학생 때가 아니면 언제 이렇게 열심히 공부해보겠어요? 겁먹지 말고 한계에 도전해봅시다. 물론 공부 때문에 행복을 포기하라는 뜻은 아닙니다. 공부하면서 동시에 행복을 느낄 수 있는 소소한 무언가를 찾기 바랍니다. 저는 일주일에 2시간은 밴드부에서 목이 터져라 노래를 부르며 스트레스를 해소했습니다. 휴식과 보상은 선택이 아니라 의무입니다. 결과가 어떻든 열심히 공부한 자신에게 충분한 휴식과 보상을 주고, 스스로 다독여주기 바랍니다.

힘들면 힘들다고 이야기하고 잠시 쉬어갑시다. 마음이 힘들다면 보건실이나 상담실을 찾아가 상담을 받아보세요. 선생님들께서는 기꺼이 우리의 이야기를 들어주실 것입니다. 저는 여러분이 행복하기를 바랍니다.

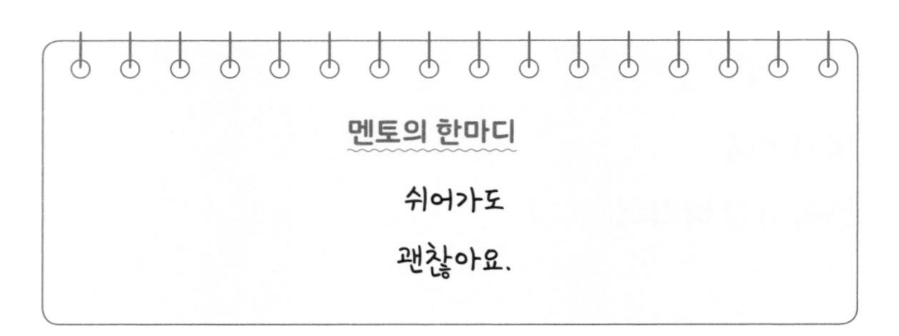

꿈을 기록하는 방법

서울대학교 조은지

이름	조은지	대학교	서울대학교	학과	정치 외교학부
입학연도	2018년	전형	일반	수능	-
고등학교	인천 국제고등학교	합격학교	서울대학교, 고려대학교, 연세대학교		
내신	1점대				

| 다채로운 개성을 지닌 '융합 전문가'를 꿈꾸는 조은지입니다. 평소 관심사가 다양해 여러 분야의 활동에 적극적으로 참여했고, 이를 융합해 저만의 색깔을 만들고자 노력해왔습니다. 현재는 저만의 정치적 이상을 실현하기 위해 정치와 경제, 철학을 공부하고 있습니다.

꿈을 기록하자

저는 수시와 정시를 함께 준비했는데요. 수시 전형에서 좋은 결과를 얻을 수 있었던 이유는 학창 시절 끊임없이 꿈을 실천하고, 그 과정을 기록한 덕분이었습니다. 평소 다양한 분야에 관심이 많았기 때문에 여러 활동에 적극적으로 참여해왔는데요. 그중에서도 정치와 경제에 특별히 흥미를 느껴 관련 활동에 많은 시간을 쏟았습니다. 동시에 다른 분야의 각종 대회와 봉사 활동, 교내외 활동에도 관심을 가졌지요. 이렇듯 분야를 가리지 않고 흥미와 적성을 좇다 보니 힘들이지 않고 수시를 준비할 수 있었습니다.

가령 저는 정치 및 경제 분야와 관련된 동아리 활동, 토론 대회, 논문 대회 등에 열심히 참여했습니다. 진학과 직결된 분야는 아니었지만 수학 올림피아드, 지리 경시대회 등에도 참여해 좋은 성과를 얻었고, 교육 봉사 활동도 2년 넘게 참여했지요. 이처럼 관심사에 따라 여러 교내외 활동에 능동적으로 참여하며 저만의 색깔을 만들어갈 수 있었습니다. 나아가 여러 교내외 활동에 참여하는 데 그치지 않고 일련의 과정을 체계적으로 기록했습니다.

활동 후에 보통 수상 경력, 참여시간 정도만 기록하곤 하는데요. 저는 더 나아가 구체적으로 활동에서 수행했던 역할과 과정에서의 고민 등을 중요하게 다뤘습니다. 이를 꼼꼼하게 기록하고 정리하다 보니 대학 입시를 준비하는 데 많은 도움이 되더라고요.

시간 관리도 능력이다

시간은 모두에게 동일하게 주어집니다. 다양한 교내외 활동에 참여하면서 좋은 성적을 유지하는 것은 결코 쉬운 일이 아니지요. 그래서 무엇보다 효과적으로 시간을 관리하고 계획을 실천하는 끈기가 필요합니다. 저 역시 학업과 다양한 교내외 활동을 병행하기 벅차고 힘들 때가 많았습니다. 그러나 그럴 때마다 더욱 효과적으로 계획을 세우고 실천하기 위해 노력했습니다.

플래너와 자투리 시간을 활용하는 것은 이미 널리 알려진 방법인데요. 저는 계획을 짤 때 반드시 '보충시간'을 따로 마련했습니다. 때에 따라서 목표한 바를 달성하지 못하는 경우가 생길 것입니다. 예상치 못한 상황은 늘 발생하기 마련이니까요. 촘촘히 계획을 짠다고 짰는데 부족한 부분이 생길 때도 있지요. 보충시간은 말 그대로 이러한 상황에 대비해 이행하지 못한 계획이나 부족한 공부를 보충하는 시간을 뜻합니다. 보충시간에 부족했던 부분을 보완하거나, 보충할 게 없으면 여가시간으로 활용하곤 했습니다. 계획을 모두 실천한 주에는 보충시간에 기분 좋게 푹 쉬었지요.

마음이 이끄는 대로 작은 것에도 최선을 다하자

앞서 언급했던 것처럼 저는 관심사가 매우 넓어 진로와 직결되지 않은 교내외 활동에도 참여하곤 했습니다. '선택과 집중'을

교내외 활동에 참여한 모습. 분야를 가리지 않고 흥미와 적성을 좇다 보니 힘들이지 않고 수시를 준비할 수 있었습니다.

통해 효율적으로 필요한 활동만 하는 친구들도 있었지만, 저는 자기소개서에 드러낼 수 있는 활동만을 선택적으로 하기보다는 매사 마음이 이끄는 대로 최선을 다해 임했습니다. 교내에서 진행되는 여러 프로그램은 물론이고, 학술 및 예술 동아리, 수행평가, 봉사 활동 등 흥미를 느끼는 모든 일에 참여하곤 했습니다. 다양한 분야를 경험하면서 예상치 못한 깨달음을 얻을 수 있었고, 저만의 색깔을 만들어갈 수 있었습니다.

가리지 말고 가능한 모든 교내외 활동에 참여하라는 뜻은 아닙니다. 반드시 '내가 활동에 최선을 다할 수 있는가?' '공부할 시간을 확보할 수 있는가?'를 염두에 두고 참가 여부를 결정하기 바랍니다. 기록을 남기기 위해 형식적으로 참여하는 것이 아니라, 열정을 쏟을 수 있을 때 참여해야 합니다. 당연히 학업에도 지장이 없어야겠지요.

정말 시간이 없다면 최소한 학교에서 제공하는 프로그램이라도 적극적으로 참여하기 바랍니다. 하다못해 사소한 수행평가나 동아리 활동도 자기소개서의 소재가 될 수 있습니다. 예를 들어 저는 고등학교 1학년 영어 수행평가로 위안부 이슈를 알리는 영문 책자를 제작해 뉴욕 센트럴파크에서 이를 나눠주며 홍보하는 활동을 했습니다. 이후에는 이와 연계한 정치·외교 자율 동아리를 조직해 국제 이슈를 알리는 활동을 기획하고 실행했지요. 이 일련의 과정을 통해 진로에 대한 확신을 얻고 관련 지식을 쌓을 수 있었습니다.

자기소개서에 '나'를 담아내자

수시는 교내 시험과 각종 교내외 활동 등을 풀어내는 자기소개서, 면접을 통해 합격의 당락이 결정됩니다. 통상 자기소개서는 고3 마지막 내신 시험 이후 작성하게 되지만, 되도록 미리

고등학교 3년 동안의 활동을 정리할 필요가 있습니다. 매 학년을 마무리할 때마다 교과 활동, 교내외 활동, 봉사 활동, 독서 내역 등을 체계적으로 기록해두기 바랍니다.

한국대학교교육협의회가 제공하는 서류 평가 요소를 참고하면 수시를 대략적으로 어떻게 준비해야 할지 감이 올 것입니다. 저는 우선 스토리텔링을 통해 자기소개서의 내용이 매끄럽게 느껴지도록 구성했습니다. 교내외 활동들을 쭉 정리한 다음에 저의 진로를 구체화하는 과정, 전공 적합성 등을 잘 보여줄 수 있는 교내외 활동을 따로 선별했습니다. 특히 관련 내역을 있는 그대로 쭉 나열하기보다는 생활기록부에 드러나지 않은 부분에 집중했는데요. 활동에서 얻은 깨달음과 저의 변화 등에 초점을 맞춰 작성했습니다. 이렇게 자기소개서 초안을 작성한 후 여러 차례의 수정을 거쳐 보완했습니다.

고3 여름방학은 수능 공부와 자기소개서 작성을 병행해야 하는 시기입니다. 여러모로 바쁘고 스트레스를 많이 받아 수험생들은 대개 이 시기에 슬럼프를 겪곤 하지요. 이를 방지하기 위해선 공부와 자기소개서 작성시간을 명확히 구분할 필요가 있습니다. 저는 일과를 계획할 때 별도로 자기소개서 작성시간을 마련했고, 스스로 마감 기한을 두어 자기소개서에 지나치게 많은 시간을 쏟지 않을 수 있었습니다.

서류 평가 요소

세부 평가 요소		주요 평가 자료	
구분	내용	생기부	자소서
학업 역량	• 주요 교과 성취도 및 성적 추이 • 교과 관련 교내 수상 실적 • 이수 교과의 깊이 및 이수 상황 • 학업에 기울인 노력과 학습 경험	• 교과학습발달 상황 • 수상 경력 • 세부 능력 및 특기사항 등	1, 2번 문항
전공 적합성	• 전공 관련 교과 학업 성취도 및 성적 추이 • 전공 관련 활동 실적의 다양성· 지속성· 우수성 • 진로 및 전공에 대한 열정, 이해도 • 지원 동기 등	• 교과학습발달 상황 • 수상 경력 • 세부 능력 및 특기사항 • 진로 희망 • 창의적 체험 활동 상황 • 독서 활동 등	1, 2, 4번 문항
발전 가능성	• 학교 교육 활동 내에서 자기주도적 교내 활동 참여도 • 자기주도성, 성실성, 리더십, 진로에 대한 노력 • 교내 활동의 다양성·지속성·우수성	• 창의적 체험 활동 상황 • 행동 특성 및 종합의견 등	1, 2, 3, 4번 문항
인성	• 나눔, 배려, 공동체 의식 • 성실성 • 봉사 활동	• 출결 상황 • 봉사 활동 상황 • 행동 특성 및 종합의견 등	2, 3번 문항

자료: 한국대학교교육협의회

참고로 서류가 통과되면 면접을 준비하게 되는데, 보통 해당 대학교의 면접 기출 자료가 따로 공개되어 있기 때문에 이를 꼼꼼히 살펴봐야 합니다. 대입면접의 경우 지문 및 그래프 분석을 기반으로 하는 경우가 대부분입니다. 그래서 저는 따로 주어진 시간 안에 지문 및 그래프를 분석하고 답변하는 연습을 반복했습니다. 지문 및 그래프 분석이 어느 정도 익숙해진 후에는 답변하는 모습을 카메라로 촬영해 말의 속도, 억양, 태도 등을 개선해나갔습니다.

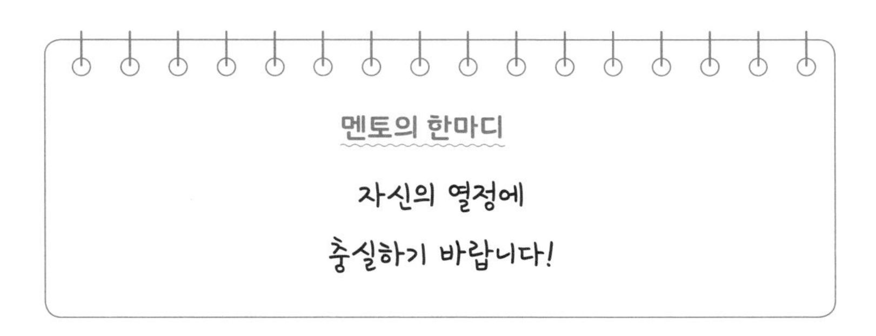

나의 가치를 믿자

울산과학기술원 김민현

이름	김민현	대학교	울산과학기술원	학과	신소재공학부
입학연도	2017년	전형	일반	수능	-
고등학교	대구일과학고등학교	합격학교	울산과학기술원		
내신	4점대 중후반				

현재 대학원 입시를 마치고, 카이스트 진학을 앞두고 있는 울산과학기술원 신소재공학부 17학번 김민현입니다. 저는 저를 소개할 때 '경험만이 삶의 무대를 넓히는 길이라는 믿음을 가진 사람' '주어진 현실에 안주하지 않고 도전을 즐기는 사람' '받은 만큼 행복을 나눠주고 싶은 사람'이라는 수식어로 설명하곤 합니다. 사실 입시에서 큰 성공을 거둔 편은 아니지만, 저와 비슷한 상황을 겪고 있는 친구들에게 도움이 되었으면 하는 바람으로 글을 쓰게 되었습니다. 이 글이 작은 힌트가 되어 수험생활의 어려움을 극복하는 계기가 되길 바랍니다.

한 우물만 파는 것도 좋지만 넓게 보는 것이 중요하다

어릴 적부터 수도 없이 어른들은 '장래희망'을 묻곤 합니다. 저는 일찍부터 제가 무엇을 하고 살아가야 할지, 진정 원하는 것이 무엇인지 진지하게 고민했습니다. 장래희망을 적을 때면 무의식적으로 '잘하는 것'에서 제 미래의 직업과 희망 전공을 찾곤 했는데요. 그래서 잘하는 것의 폭이 넓어질수록 떠오르는 직업과 희망 전공의 방향이 다양해졌고, 여러 분야에 폭넓게 관심을 갖게 되었습니다.

고등학교에 입학할 때까지만 해도 생명과학에 자신 있었기 때문에 '나에겐 생명공학과 생명과학밖에 없다!'라고 생각했지만, 2학년 때 물리와 지구과학에 푹 빠져 대기과학, 환경생태공학 등에도 관심을 갖게 되었습니다. 고3 때는 '대기오염을 연구하는 대기과학자' '대한민국 도시의 생태계를 연구하는 환경공학자' 등의 원대한 포부를 담은 자기소개서와 관련 수상 자료들을 대학 이곳저곳에 접수했습니다. 하지만 지금은 다시 돌고 돌아 신소재공학을 전공하고 있고, 현재는 꿈을 위해 대학원 입시를 준비하고 있습니다.

물론 어릴 때부터 꿈과 진로가 확고해 변하지 않는 경우도 있을 것입니다. 하지만 입시를 준비하고 있는 지금, 그 진로를 스스로 진정으로 원하는지 다시 한번 고려해보기 바랍니다. 한 우물만 파는 것도 좋지만 때로는 넓게 보는 것이 더 중요하기 때문입니다.

하나의 분야에 자신을 국한시키지 않는다면 보다 다양한 기회의 문이 열릴 것입니다. 시야를 넓혀 다양한 경험을 쌓고 여러 분야를 공부해봅시다. 학창 시절에 쌓은 경험과 지식이 훗날 반드시 큰 도움이 될 거예요.

내 자기소개서에
자신감을 갖자

수험생이라면 자기소개서 때문에 고민이 많을 것입니다. 저도 그랬습니다. 좀 더 좋은 자기소개서를 완성하기 위해 여기저기 첨삭도 받아보고, 같은 부분을 수십 번씩 수정하기도 했습니다. 결국 제 마음에 쏙 드는 자기소개서는 완성하지 못했지만 1차 서류 전형에는 대부분 합격할 수 있었지요.

제가 1차 서류 전형을 대부분 통과하자 몇몇 후배들이 첨삭을 부탁하기도 했는데요. 저는 첨삭을 할 때면 늘 자신감의 중요성을 강조했습니다. 개인적으로 평소에 글을 즐겨 쓰고 여러 대회에서 상을 받은 경험이 있어서 제 글에 남다른 자부심을 갖고 있었는데요. 그럼에도 불구하고 자기소개서를 수정할 때는 정말 자신감이 확 떨어졌던 기억이 납니다. 울산과학기술원에 합격했지만, '자기소개서를 쓸 때 좀 더 자신감 있게 접근할걸.' 하는 아쉬움이 남아 후배들에게 항상 자신감을 강조했습니다.

첨삭을 도와주는 누군가가 있다면 글에 들어갈 핵심 소재를 함께 고민하고, 글의 흐름과 맞춤법, 비문 등을 고쳐줄지 모릅니다. 하지만 결국 글에 들어갈 소재를 생각해내고, 글을 쓰고, 대학에 제출하는 사람은 '나' 자신입니다. 자신에 대한 믿음을 저버려선 안 됩니다. 첨삭자에게 너무 휘둘릴 필요도 없습니다. 첨삭자가 글이 좋지 않다고 이야기해도 자신의 생각과 다르다면 과감히 무시할 수 있는 용기를 갖기 바랍니다. 첨삭을 받을 때마다 첨삭자에게 휘둘려 글을 수정한다면 자신의 색깔은 사라지고 껍데기만 남을지도 모릅니다. 자기소개서의 주체가 자신임을 잊지 않았으면 좋겠습니다.

저는 학생부종합 전형과 특기자 전형으로 총 9개 대학(고려대학교, 광주과학기술원, 대구경북과학기술원, 서강대학교, 성균관대학교, 연세대학교, 울산과학기술원, 카이스트, 한양대학교)에 지원했습니다. 다른 대학교를 폄하하는 것은 아니지만 연세대학교, 고려대학교 1차에 합격했기 때문에 다른 곳은 안정권으로 보고 있었습니다. 하지만 웬걸, 최종 합격은 울산과학기술원뿐이었습니다. 그마저도 추가 합격이었지요. 지금 되돌아봐도 인생에서 가장 가슴 졸였던 시기가 아니었나 싶습니다.

제 기준으로는 그다지 성공적이지 못한 입시 결과였습니다. 멘티분들 역시 어쩌면 입시에서 좋은 결과를 얻지 못할 수도 있습니다. 하지만 학벌보다 중요한 것은 자신의 가치를 믿는 일이라고 생각합니다. 입시 과정에서 다른 대학들이 제 가능성을 제대로 알아보지 못했을 뿐입니다. 자신이 충분히 가치 있는 사람이라는 믿음과 소신만 있다면 흔들리지 않고 꿈을 향해 나아갈 수 있습니다. 저는 제 가치를 알아준 울산과학기술원에서 미래를 차근차근 준비했습니다. 3.97점으로 고학점을 유지했고, 다양한 학생 자치 활동에 참여했으며, 관심 분야 연구실 인턴으로도 활동했습니다. 대학 입시가 끝은 아닙니다. 설사 부침을 겪더라도 자신에 대한 믿음으로 멋지게 일어날 수 있는 사람이 되길 바랍니다.

원만한 교우관계가 미친 영향

고등학교 친구들과 대학교 친구들은 아무래도 다를 수밖에 없습니다. 시간과 정성을 쏟아야지만 교우관계를 원활하게 유지할 수 있지요(물론 그렇지 않은 경우도 있습니다). 저도 대학에 와서 많은 친구들과 교류했지만, 역시 마음 편히 만날 수 있는 친구들은 고등학교 친구들이 아닌가 싶습니다. 중고등학교 친구들은 한동안 연락을 하지 않아도, 시간을 들이지 않아도 관계를 유지할 수 있는 소중한 자산입니다.

저에게는 매우 소중한 고등학교 친구들이 있습니다. 지금은 전국 각지에 뿔뿔이 흩어져 있지만, '내가 그 친구들을 제외하고 학창 시절을 어떻게 설명할 수 있을까?' 싶을 정도로 중요하고 소중한 친구들입니다. 서로가 서로의 경쟁자이자 동반자였던 그 시기, 서로를 스스럼없이 도와주었던 친구들이 있어 고등학교 시절이 행복했습니다. 수시가 끝나고 대학 입학까지 꽤나 많은 시간이 남습니다. 그 시간을 고등학교 친구들과 잊지 못할 추억을 남기는 데 활용해보면 어떨까요? 토익 공부도 좋고, 선행학습도 좋지만 저는 교우관계만큼 소중한 것은 없다고 생각합니다. 공부가 인생의 전부는 아니니까요. 저는 고등학교 친구들과 여행을 다니고, 각자 힘을 모아 팀 블로그도 운영해보고, 지금은 종영한 모 퀴즈 프로그램에 참여하는 등 정말 잊지 못할 추억들을 많이 만들었습니다. 여러분도 친구들과 함께 빛나는 추억을 만들어보면 어떨까요?

내 삶을 행복으로 채우자

제가 열심히 공부하는 이유는 공부를 통해 다채로운 행복을 얻기 위해서입니다. 당장 하고 싶은 게임을 하고 보고 싶은 영화를 보면 행복을 충족시킬 수 있겠지만, 평생 그런 행복만 누리기엔 인생은 길고 세상은 넓습니다. 공부를 열심히 해서 지식을 하나하나 얻는 데 그치는 것이 아니라, 공부를 하며 '이상'에 가까워질 수 있다고 생각합니다. 원하는 대학교에 들어가는 행복, 성공한 연구자가 되는 행복, 내 지식으로 다른 사람들을 행복하게 만들었을 때 느낄 수 있는 행복 등 저는 지금도 공부를 통해 행복과 가까워지고 있습니다. 이러한 생각을 원동력으로 차근차근 공부해나간다면 여러분도 행복의 범위를 넓혀갈 수 있을 것입니다.

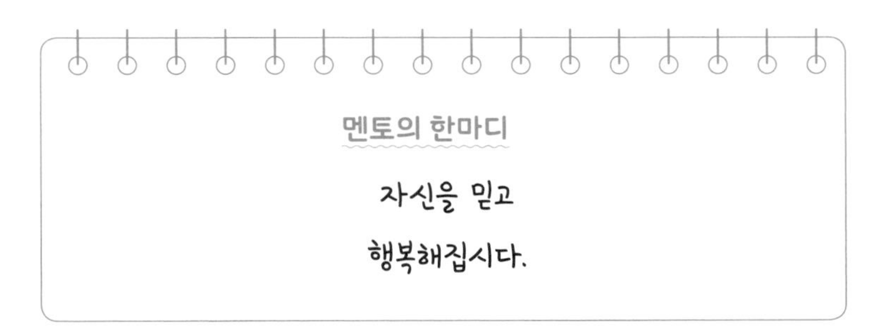

3장 핵심요약

• 고2 겨울방학 때 미리 자기소개서를 작성하자. 그래야 3학년 1학기 때 부족한 부분을 채울 수 있다. 입학사정관의 눈길을 끌려면 남들과 다른 차별화된 무언가를 보여줘야 한다.

• 차별화는 생각의 깊이와 스토리텔링에서 비롯된다. 핵심은 '겸손하지만 당당하게'다.

• 활동 후에 보통 수상 경력, 참여시간 정도만 기록하곤 하는데, 더 나아가 구체적으로 활동에서 수행했던 역할과 과정에서의 고민 등을 중요하게 다뤄보자. 이를 꼼꼼하게 기록하고 정리하면 대학 입시를 준비하는 데 많은 도움이 된다.

• 교내외 활동을 있는 그대로 쭉 나열하기보다는 생활기록부에 드러나지 않은 부분에 집중하자.

• 하나의 분야에 자신을 국한시키지 않는다면 보다 다양한 기회의 문이 열릴 것이다. 시야를 넓혀 다양한 경험을 쌓고 여러 분야를 공부해보자. 학창 시절에 쌓은 경험과 지식이 훗날 반드시 큰 도움이 될 것이다.

• 첨삭자가 글이 좋지 않다고 이야기해도 자신의 생각과 다르

다면 과감히 무시할 수 있는 용기를 갖자. 첨삭을 받을 때마다 첨삭자에게 휘둘려 글을 수정한다면 자신의 색깔은 사라지고 껍데기만 남을지도 모른다.

4장

면접

: 필승 노하우는 따로 있다

"자신이 가진 재능을 모두 사용하라.
가장 잘 지저귀는 새만 노래한다면
숲은 조용할 것이다."

_ 헨리 반 다이크(Henry van Dyke)

면접은 면접관과의 대화입니다. 즉 일방적으로 어떤 일이나 생각에 대해 이야기하면 되는 발표와는 성격이 다릅니다. 면접의 핵심은 자신감과 솔직함입니다. 학생으로서 기본적인 태도와 예의를 갖추고, 자신감 있게 자신의 생각을 이야기하면 됩니다. 겸손한 마음으로 준비하되, 면접장에서는 '내가 최고다. 나를 뽑는 대학교가 좋은 대학교다.'라고 생각하며 당당하게 행동해야 합니다.

수시 전형이 다변화되면서 면접의 종류도 다양해지고 있습니다. 인성면접, 심층면접, 상황면접 등 지원한 대학교의 수시 전형에 따라 면접의 내용도 상이한데요. 면접 전에 미리 기출문제 등을 파악하고 연습해보고 가면 좋겠지요. 자기소개서에 작성한 내용과 지원하는 학과에 대한 정보도 사전에 충분히 숙지해야 합니다.

인성면접의 경우 예상하지 못한 질문이 나오면 그냥 자신의 이야기를 솔직하게 풀면 됩니다. 하지만 심층면접의 경우 모르는 내용이 나오면 당황할 수밖에 없습니다. 예를 들어 유아교육과 심층면접에서 면접관이 '놀이중심 교육을 실현할 수 있는 방안'에 대해 질문했다고 가정해봅시다. 놀이중심 교육에 대해 잘 모른다면 어떻게 대처해야 할까요? 그냥 잘 모른다고 솔직하게 인정하고, 주어지는 힌트에 집중해 최대한 자신의 생각을 진솔하게 풀어내면 됩니다. 억지로 아는 척, 똑똑한 척하는 것보다는 모르는 건 모른다고 인정하는 편이 낫습니다. 실제로 정답을 안다고 해서 꼭 합격하는 것은 아닙니다. 지원하는 대학교와 학과, 면접자의 성향 등에 따라 변수는 다양하지만 내용을 아예 모르면 힌트를 주기도 합니다. 그러니 자신이 무조건 옳다고 생각하지 말고, 모르는 부분은 솔직히 모른다고 인정하는 게 낫습니다.

면접에서 중요한 건 '지식'이 아닌 '태도'입니다. 특히 교수님들이 면접자인 경우에는 더욱 겸손해질 필요가 있습니다. 내가 아무리 실력이 좋다고 한들 해당 분야의 교수님들보다 더 뛰어날 수 있을까요? 예를 들어 초등학생이 산수를 잘한다고 자랑하며, 본인이 아는 것이 수학의 전부인 양 떠든다면 어떤 생각이 들까요? 교수님들의 입장도 마찬가지일 것입니다. 수십 년간 한 분야를 연구한 교수님들의 눈에는 수험생들이 초등학생 수준으로 보일 수밖에 없습니다. 그러니 너무 자신의 지식에 심취해 뽐내려고 하지 말고 교수님들의 질문과 의견을 잘 받아들이기 바랍니다.

면접의 목적은 무엇일까요? 면접의 목표는 학생이 주어진 질문과 상황에 어떻게 반응하고, 어떤 태도를 보이고, 어떤 자세로 자신의 이야기를 하는지 살펴보는 데 있습니다. 그러니 모르는 건 모른다고 인정하고, 교수님들이 무언가 피드백을 주면 그것을 잘 활용해서 답변하면 됩니다. 답을 모른다고 지레 겁먹을 필요는 없습니다. 성실히 면접에 임하고 노력하는 모습만 보여주면 됩니다.

면접을 볼 때 꼭 참고해야 하는 몇 가지 팁은 다음과 같습니다.

1. 질문자를 주로 바라보며 대답하되, 모든 면접관과 골고루 시선을 나눕니다.
2. 의자에 앉는다면 등받이에 기대지 말고 살짝 등을 떼서 앉는 게 좋습니다. 등을 기대고 앉으면 거만해 보일 수 있으니까요.
3. 미간을 보거나 인중을 보라고 조언하는 경우도 있는데요. 지양해야 할 자세입니다. 아무리 떨려도 눈을 보고 이야기하는 것이 좋습니다.
4. 말끝을 흐리지 맙시다. 자신감 없어 보이고 신뢰감이 떨어집니다.

5. 의상은 학생처럼 입고 가는 것이 가장 좋습니다.
6. 이상한 행동을 하지 맙시다. 박력 있어 보이고 싶다며 발로 문을 차고 들어간 사례도 있었고, 앞구르기를 하며 들어간 사례도 있었는데요. 당연히 결과는 좋지 않았습니다.
7. 학생으로서 기본적인 예의를 지킵시다.
8. 첫인상이 중요합니다.
9. 모르는 질문이 나오면 솔직하게 모른다고 인정합시다. 억지로 답을 짜내다가 면접이 산으로 갈 수 있습니다.
10. 가식적인 대답은 하지 맙시다.
11. 대답과 행동이 일치해야 신뢰도가 높아집니다. "나는 밝은 사람입니다."라고 자신 있게 이야기했는데 우울한 표정을 짓고 있으면 신뢰도가 떨어지겠지요.

관건은 전공 적합성

서울대학교 정승원

이름	정승원	대학교	서울대학교	학과	불어 교육과
입학연도	2013년	전형	일반	수능	-
고등학교	미추홀외국어 고등학교	합격학교	서울대학교		
내신	1.87				

| 안녕하세요. 서울대학교에 입학해 불어교육과와 체육교육과를 전공한 정승원입니다. 저는 초등학생 시절부터 운동을 좋아해 매일 친구들과 어울려 축구를 했는데요. 공부를 본격적으로 시작한 건 중학교 2학년 때부터였습니다. 아무래도 뒤늦게 시작하다 보니 친구들과의 격차가 쉽게 좁혀지지 않더라고요. 포기하고 싶을 때도 있었지만 꾸준히 노력하면 된다는 생각으로 하루하루 성실하게 보냈습니다. 이 과정에서 되도록 남들과 비교하지 않으려 노력했고, 오로지 목표만을 향해 한 발자국씩 나아갔습니다.

면접의 핵심은 전공 적합성이다

저는 서울대학교 불어교육과 교수님들 앞에서 면접을 봤는데요. 그 순간이 지금도 생생하게 떠오릅니다. 교수님께서는 먼저 프랑스어 공인 인증 시험 자격증(DELF)이 있는지 물어보셨습니다. 저는 없다고 대답했고, 다시 수능 프랑스어 영역에서 만점을 받았는지 물어보셨습니다. 저는 솔직하게 두 문제를 틀렸다고 답했습니다. 그제야 다른 경쟁자들 대부분이 관련 자격증이 있고, 수능 프랑스어 영역에서 만점을 받았다는 사실을 깨닫게 되었지요. 교수님들이 제 답변에 실망했을 것이라는 생각에 마음이 불안했습니다. '불합격' 세 글자가 눈에 아른거렸지만, 끝까지 최선을 다하자는 생각을 하며 정신을 가다듬었습니다.

자기소개서와 생활기록부에 적힌 내용에서 질문이 이어졌고, 마지막 질문은 교내 프랑스어 시 낭송 대회에서 낭송했던 시에 대한 것이었습니다. 다행히 면접을 준비하면서 생활기록부에 있는 내용을 꼼꼼하게 살펴보았기 때문에 저는 해당 시를 끝까지 낭송할 수 있었습니다. 자리에서 일어나 실제 대회 때와 같이 시를 낭송하자 교수님들은 밝게 웃으며 수고했다고 하셨습니다.

아마 학생부종합 전형을 준비하는 학생들이 많을 텐데요. 2020년 수시에서 학생부종합 전형으로 선발한 인원은 8만 5,168명으로 전체 모집 인원 중 24.5%에 달했습니다. 전년도 8만 4,764명(24.3%)에 비해 선발 비율이 증가했는데요. 이는 정시 모집 인원 7만 9,090명(24.3%)보다 많은 숫자로, 아마도 앞으로도 학생부종합 전형이 차지하는 비중은 높을 것으로 보입니다. 학생부종합 전형에서 면접의 목표는 전공의 인재상에 부합하는 학생을 선발하는 것으로, 면접을 통해 수학 역량 및 전공 적응력 등을 예측해 서류의 진위를 판단하게 됩니다.

학생부종합 전형은 고등학교 3년간 누적된 기록을 중시합니다. 따라서 자기소개서와 생활기록부의 모든 내용을 빠짐없이 잘 살펴보고 관련 질문에 대비해야 합니다. 더불어 면접 중에 어떠한 상황이 발생하더라도 간절한 마음으로 끝까지 최선을 다해 임하는 것이 중요합니다. 저는 면접의 핵심은 전공 적합성이라고 생각합니다. 자신이 해당 전공에 얼마나 적합한 인재인지 짧은 시간 안에 다 드러내야 하기 때문입니다. 그 기초가 되는 자료가 바로 자기소개서입니다.

저는 연습 삼아 고등학교 1학년 겨울방학 때부터 자기소개서를 작성했습니다. 그때는 목표가 뚜렷하지 않아 형식적으로 쓸 수밖에 없었지만, 자기소개서를 작성하는 일이 얼마나 어렵고 많은 준비가 필요한 일인지 체감할 수 있었습니다. 이후 3학년 때 본격적으로 자기소개서를 작성했는데요. 고치고 보완하는 과정을 반복하면서 조금씩 자기소개서의 방향이 잡히고 글이 다듬어졌습니다. 자기소개서를 작성할 때는 전공 적합성에 초점을 맞춰야 합니다. 저는 다른 경쟁자들보다 부족한 것(자격증, 수능 점수)이 많았지만, 평소 프랑스어에 관심이 많았던 점을 자기소개서에 잘 녹여냈습니다.

프랑스어 시 낭송 대회 같은 전공과 관련된 교내외 활동을 추리고, 이를 이용해 자신이 해당 학과에 적합한 인재임을 드러내야 합니다. 면접에서는 자기소개서를 바탕으로 솔직하게 자신의 이야기를 하면 되는데요. 자기소개서를 한 편의 시나리오라고 생각하고 논리적으로 이야기를 전개하면 됩니다. 참고로 자신의 단점에 관한 질문에 답할 때는, 단점을 밝히는 데 그치지 말고 그러한 단점이 어떻게 긍정적으로 작용할 수 있었는지 함께 이야기해야 합니다. 단점을 극복하기 위해 어떤 노력을 했는지도 언급하면 좋겠지요.

수시 전형의 평가 요소 점검하기

수시 전형 준비를 위해 저는 우선 지원할 과를 선택했습니다. 고등학교 3학년에 이르러서야 비로소 프랑스어와 관련된 과에 지원하기로 결심했고, 관련된 교내외 활동에 참여하기 시작했는데요. 교내 프랑스어 시 낭송 대회와 프랑스어 단어 경시대회 등 전공 적합성을 높이기 위한 교내외 활동에 참여했습니다. 가능하다면 일찍 1~2학년 때부터 어느 정도 범위 내에서 자신이 지원할 과를 결정하고 대비하는 것이 좋습니다. 과를 선택하기 힘들다면 관심 있는 분야를 몇 개 선별해 다방면으로 대비하는 것도 좋겠지요.

전공과 관련된 활동 기록이 있어야 자기소개서를 효율적으로 작성할 수 있기 때문에 수시를 고려하고 있다면 미리 움직여야 합니다. 참고로 저는 고등학교 2학년 때까지만 해도 정시로 대학에 가야겠다고 생각했습니다. 모의고사 성적이 어느 정도 잘 나오는 편이었기 때문에 수시를 준비할 필요성을 느끼지 못했는데요. 그러다 2학년 겨울방학 때 서울대학교에서 수시 모집 인원을 대폭 늘린다는 소식을 듣게 되었고, 그때부터 급하게 수시 전형을 알아보기 시작했습니다. 자기소개서와 면접에 대비하기 위해 부랴부랴 전공과 관련된 교내외 활동에 참여했습니다. 시간이 많이 들기는 했지만 그렇게 정시와 수시 두 전형을 동시에 준비했습니다.

예상했던 것보다 수능 성적은 낮았지만, 천만다행으로 수시 전형의 평가 요소를 사전에 살펴본 덕분에 서울대학교에 입학할 수 있었습니다. 저처럼 정시와 수시를 전부 준비하는 게 쉽지만은 않을 것입니다. 그래서 최근에는 정시면 정시, 수시면 수시 하나만을 준비하는 경우가 많은데요. 나중에 어떤 일이 벌어질지 모르니 되도록 두 가지 다 병행해서 준비하기 바랍니다.

체력 관리는 기본이다

제가 다녔던 미추홀외국어고등학교는 학생 전원이 기숙사에 거주했기 때문에 종일 몇 걸음 걷지 않아도 거의 모든 생활이 가능했습니다. 그래서 저는 체력 관리를 위해 따로 시간을 내 운동을 했는데요. 기상시간보다 40분 일찍 일어나 운동장을 뛰거나 줄넘기를 했고, 때로는 학교에 있는 체력단련장에서 근력 운동을 했습니다. 아침 일찍 일어나지 못한 날에는 저녁 공부를 하기 전에 간단히 학교를 산책했습니다.

친구들은 제가 유별나게 운동을 한다고 생각했지만, 저는 공부의 기본은 체력 관리라고 생각했습니다. 학년이 올라갈수록 공부해야 할 양은 많아지고, 내신 시험과 모의고사가 연달아 이어지기 때문에 체력 관리에 어려움을 겪을 수밖에 없습니다. 적어도 시험 기간과 같은 중요한 순간에 몸이 아프거나 정신적으로 지쳐 기량을 발휘하지 못하는 일은 없어야겠지요. 산책, 조깅, 줄넘기 등 자신에게 맞는 간단한 운동을 무리하지 않는 선에서 꾸준히 병행한다면 공부에도 도움이 될 것입니다. 정 시간이 없다면 틈틈이 간단한 스트레칭이라도 해보는 건 어떨까요?

학습 효율을 높이는 성취감

저는 초등학교에 다닐 때까지만 해도 공부에 대한 욕심이 없었습니다. 그런데 중학교에 입학하고 선생님들이 성적이 좋은 학생들에게 더 많은 관심을 보이자 '공부를 잘하면 인정받을 수 있구나.'라는 생각이 들더라고요. 부모님도 중학교 내신 성적에 부쩍 신경을 쓰셔서 그때부터 본격적으로 공부를 시작하게 되었습니다. 그러나 단기간에 저보다 앞서가는 친구들을 따라잡기란 쉽지 않았습니다. 공부하는 중에도 '이 격차를 줄일 수 있을까?'라는 생각이 끊이지 않았고, 포기하고 싶었던 적도 많았습니다.

초기에는 문제도 많이 틀리고, '이렇게 공부하는 게 맞나?' 하는 의구심도 들었습니다. 하지만 포기하지 않고 꾸준히 할 수 있는 만큼 공부했습니다. 그렇게 몇 개월이 지나자 실력이 조금씩 향상되기 시작했고, 여러 시행착오를 겪으며 제게 맞는 공부법도 찾게 되었습니다. 이처럼 당장 성적이 오르지 않더라도 일정 기간 인내심을 갖고 실력을 키우면서 자신에게 맞는 공부법을 찾는 것이 중요합니다. 공부를 통해 반복적으로 성취감을 맛보면 학습 효율은 저절로 높아질 것입니다.

스트레스 관리와 규칙적인 생활

멘티들로부터 '특별한 공부법'에 대한 질문을 자주 받곤 하는데요. 사실 자신에게 맞는 공부법은 다 다르다고 생각합니다. 저는 오히려 공부법보다는 공부의 흐름이 끊기지 않도록 생활 전반을 더 철저하게 관리했습니다(공부법도 물론 중요합니다). 기본은 '스트레스 관리'와 '규칙적인 생활'입니다. 정도에 차이는 있겠지만 모든 학생이 공부로 인한 스트레스를 받고 있습니다. 저는 운동과 음악을 통해 스트레스를 관리했습니다. 취미를 통해 불안, 걱정과 같은 감정을 잠시나마 잊고 평정심을 유지할 수 있었지요. 운동을 하고 나면 상쾌한 기분으로 스트레스에서 벗어나 다시 공부에 집중할 수 있었습니다. 시간이 없을 때는 운동 대신 음악을 들었는데요. 장르를 가리지 않고 다양한 음악을 들으며 스트레스를 풀었습니다.

규칙적인 생활도 중요합니다. 비슷한 시간에 일어나고, 공부하고, 운동하고, 잠드는 생활을 반복하면 몸도 이 패턴에 익숙해지고 공부의 효율성도 올라갑니다. 공부와 일상의 균형을 위해서라도 규칙적인 생활을 꾸준히 유지하기 바랍니다. 수험 생활은 깁니다. 자신만의 소소한 취미를 찾아 스트레스를 관리하고, 규칙적인 생활 패턴을 유지한다면 학업에도 도움이 될 것입니다.

사교육에 의존하지 말고 사교육을 이용하자

저는 수학학원과 종합학원에 다니면서 내신 공부와 고등학교 진학을 준비했는데요. 고등학생 때는 기숙사에 살았기 때문에 사교육의 도움을 많이 받을 수 없었습니다. 저는 사교육이 나쁘다고 생각하지는 않습니다. 너무 의존하지 않는 선에서 자신에게 필요한 부분을 보충하는 용도로 이용한다면 참 바람직하다고 생각하는데요. 사교육에 너무 의존하면 본인의 공부에 소홀해질 수 있기 때문에 주의가 필요합니다. 사교육을 통해 새로운 문제풀이 기술을 배운다고 해도 결국 그것을 자신의 것으로 만드는 건 본인의 노력에 달려 있습니다.

자신의 어떤 부분이 부족한지, 추가로 배워야 할 부분은 무엇인지 고려하면서 사교육을 이용하기 바랍니다. 즉 사교육은 약점을 극복하기 위한 용도로 활용되어야 합니다. 공부는 결국 '나'에게 달려 있습니다. 자기주도학습을 기반으로 적절히 중심을 유지하며 사교육을 이용한다면 더 큰 효과를 얻을 수 있을 것입니다.

예습이 중요한 영어와 수학

영어와 수학을 제외한 나머지 과목은 예습보다는 복습 위주로 공부했습니다. 영어의 경우 수업 전에 미리 지문을 읽어 모르는 단어를 암기했고, 수학의 경우 심화학습을 해야 하기 때문에 진도보다 조금 앞서 개념을 익혔습니다. 영어와 수학은 특히 수업시간에 진도를 따라가지 못해 헤매는 경우가 많은데요. 예습을 통해 집중력을 잃지 않고 수업을 들을 수 있었습니다.

다른 과목들은 예습보다는 복습을 좀 더 꼼꼼히 하는 편이 효율적이라고 생각합니다. 수업 때 선생님께서 강조한 부분을 중점적으로 복습하면 좋은데요. 망각은 생각보다 빠른 속도로 진행되기 때문에 복습은 되도록 당일에 해야 합니다. 복습은 중요한 개념을 먼저 보고 거기에 부수적인 내용을 곁들여 학습한다는 생각으로 하는 것이 효율적입니다. 즉 핵심 개념에 주변 개념을 연결하는 식으로 학습해야 합니다.

정시 준비는 고등학교 3년 내내 꾸준히 이어가는 것이 좋습니다. 자신이 수능과 맞지 않다는 생각이 들더라도 포기하지 않고 노력한다면 생각하지 못한 때에 도움이 될 수 있습니다(사실 수능과 잘 맞는 고등학생은 세상에 별로 없습니다).

국어는 최대한 문학과 비문학을 번갈아가며 많은 지문을 접하는 것이 중요합니다. 독해력은 단기간에 향상되지 않기 때문에 고등학교 1학년 때부터 꾸준히 문제를 접할 필요가 있습니다. 언어 영역은 시간이 촉박할 가능성이 크기 때문에 시간과의 싸움에서 이겨야 유리합니다.

수리 영역은 우선 기본 개념을 이해하고, 쉬운 문제들을 반복적으로 풀어야 합니다. 수리는 따로 요령이 없습니다. 기초를 다지고 다양한 심화 문제를 풀며 실력을 쌓아야 합니다. 난이도가 높은 문제를 많이 풀어봐야 실전에서 어려운 문제를 만나도 당황하지 않을 수 있습니다.

외국어 영역은 단어와 문법 위주로 공부해 독해력 향상에 많은 노력을 기울였습니다. 수리 영역과 외국어 영역에 출제되는 문제의 유형들은 비교적 정형화되어 있는 편입니다. 자신이 자주 틀리는 부분을 파악하고 집중적으로 보완하는 방식으로 공부하기 바랍니다. 무엇보다 기출문제집과 모의고사를 반복해서 푸는 게 중요합니다.

참고로 공부에 집중하기 위해서는 수면시간을 충분히 확보해야 합니다. 새벽까지 숙제하거나 밤을 새서 공부하는 친구들은 대부분 다음 날 수업시간에 집중을 잘 못하더라고요. 우리가 잠을 자는 동안 뇌는 필요한 정보들을 장기 기억으로 바꾸는 등 기억의 능률을 높이는 활동을 한다고 합니다. 미국 국립보건원(NIH)은 두뇌가 잠을 통해 휴식을 취할 때 새로운 정보들을 장기 기억으로 바꾼다는 연구 결과를 발표했는데요. 따라서 학습한 내용을 오래도록 기억하기 위해서라도 수면시간은 반드시 충분히 확보해야 합니다.

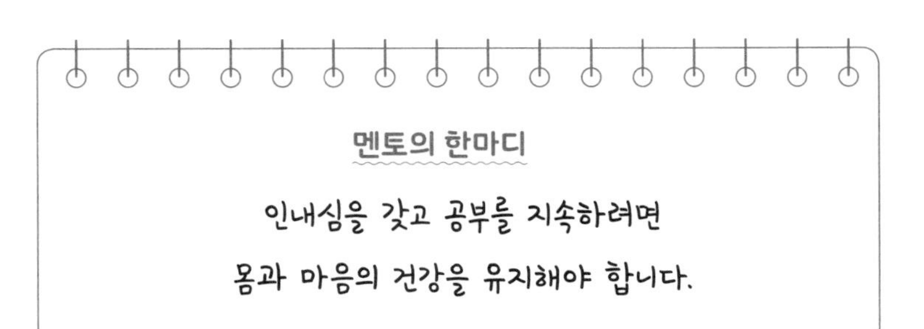

면접은 자신감이 반

카이스트 김나경

<table>
<tr><td>이름</td><td>김나경</td><td>대학교</td><td>카이스트</td><td>학과</td><td>신소재
공학과</td></tr>
<tr><td>입학연도</td><td>2014년</td><td>전형</td><td>학교장추천</td><td>수능</td><td>-</td></tr>
<tr><td>고등학교</td><td>반포고등학교</td><td rowspan="2">합격학교</td><td rowspan="2" colspan="3">카이스트,
포항공과대학교</td></tr>
<tr><td>내신</td><td>-</td></tr>
</table>

| 안녕하세요. 카이스트 신소재공학과 14학번 김나경입니다. 저는 항상 모든 일에 적극적으로 나선다는 이유로 중학생 때부터 '김나대경'이라는 별명으로 불렸는데요. 실제로 학창 시절에는 반장과 부반장을 도맡아 했고, 대학생 때는 학생회장을, 대학원생 때는 여학생 대표직을 맡는 등 다방면에서 열심히 활동했습니다. 여행을 좋아해 틈틈이 돈을 모아 유럽, 남미, 동남아 등으로 배낭여행을 다녀오기도 했지요. 현재는 더 이상 다른 일에 나서지 않고 성실하게 실험실에서 연구를 하며 꿈을 이루기 위해 노력하고 있습니다.

겁먹지 않으면
반은 성공

저는 카이스트와 포항공과대학교에서 두 차례 면접을 보았고, 운 좋게 둘 다 합격할 수 있었습니다. 면접은 수능이 끝나고 일주일가량 대치동 학원가에서 특강을 들으며 준비했는데요. 사실 크게 도움이 되지는 않았습니다. 오히려 자기소개서를 줄줄 외울 만큼 보고, 지원한 학과의 최근 연구 동향 등을 찾아본 것이 훨씬 도움이 되었습니다.

저는 두 학교 다 창의성면접을 본다고 해서 무척 긴장했는데, 웬일인지 창의성과 관련이 없는 문제가 나오더라고요. 수학 문제는 수능 4점짜리 수준이었고, 과학 문제는 물리와 화학의 심화 문제 수준이었습니다. 창의성면접은 과학적 사고력 및 문제해결력을 평가하는 면접입니다. 저는 운 좋게 고등학교 교과 과정 내에서 문제가 나왔지만, 면접 방식과 문제의 유형은 매년 달라지기 때문에 이 부분에 대한 대비가 필요합니다(사실 어떤 문제가 나올지는 순전히 본인의 운에 달려 있습니다).

카이스트의 면접은 먼저 30분 정도 단체로 문제 푸는 시간을 갖고, 이후 면접자인 교수님 세 분과 대면하는 순서로 진행되었습니다. 교수님에게 문제의 해답을 설명하는 방식이었는데, 너무 긴장한 나머지 말이 점점 빨라지더라고요. 다행히 말이 중간에 꼬이진 않았지만 제가 래퍼처럼 너무 빠르게 문제 해설을 쏟아낸 나머지 교수님들도 나중에는 그냥 팔짱을 끼고 들으시더라고요. 그래도 결과적으로 답은 맞았는지 합격할 수 있었습니다.

포항공대과대학교 면접은 카이스트와는 조금 달랐습니다. 강의실에 들어가 문제를 푸는 것이 아니라, 면접자를 눈앞에 두고 책상도 없이 문제를 풀어야 했습니다. 면접자를 코앞에 두고 문제를 풀다 보니 더 긴장되더라고요. 풀어야 할 문제는 7개인데 주어진 시간은 고작 15분가량이어서 뒷부분은 다 보지도 못했지요. 그래서 뒷부분 문제는 교수님께 양해를 구한 다음 빠르게 즉석에서 풀면서 대답했습니다. 제가 말한 답변이 맞았는지 틀렸는지는 모르겠지만, 그래도 합격한 것을 보면 침착하게 노력하는 모습을 높게 평가했던 것 같습니다.

면접은 사실 '운'과 '배짱'에 달려 있습니다. 겁먹지 않고 아는 것을 자신 있게 풀어낸다면 합격할 수 있을 거예요.

공부에서 재미를 찾자

전 공부가 재밌어서 했습니다. 안타깝게도 공부를 그냥 대학을 가기 위한 충분조건 정도로만 생각하는 경우가 많더라고요. 틀린 말은 아니지만 공부를 하는 이유가 단지 '대학' 하나라면 조금 서글프지 않나요? 진로를 고민할 때 우리는 대개 '좋아하는 것'과 '잘하는 것' 사이에서 방황합니다. 하지만 공부는 다릅니다. 공부가 재밌어지는 순간, 즉 공부가 '좋아하는 것'이 되면 '잘하는 것'이 되는 건 순식간입니다. 따라서 재미와 흥미가 동반되는 학문적 호기심이 공부의 원동력이 되어야 합니다.

그런데 말은 쉽지, 공부를 어떻게 재밌게 할 수 있겠어요? 그러기 위해서는 어떻게든 공부의 예쁜 구석, 재미있는 구석을 찾아야 합니다. 예를 들어 저는 제가 싫어하는 역사 과목을 공부할 때는 최대한 예쁘게 노트 필기를 했습니다. 심각한 악필이었지만 역사를 공부할 때만큼은 최대한 정성껏 또박또박 글씨를 쓰고, 색깔 펜으로 노트를 알록달록 꾸몄지요. 다이어리처럼 예쁘게 꾸미니까 나름 공부할 맛이 생기더라고요. 두 번째로 싫어하는 영어 과목을 공부할 때는 이왕이면 잘생기고 목소리 좋은 강사의 인터넷 강의를 듣기도 했습니다. 어떻게든 공부할 이유를 만들기 위해서, 그나마 재밌게 하기 위해서 이처럼 여러 수단(?)을 활용했어요.

물론 당연히 공부보다 노는 것이 더 재밌습니다. 노래방도 가고, 게임도 하고, 만화책도 보고, 친구들과 맛집도 가는 등 교과서보다 재밌는 것들이 세상에는 훨씬 많지요. 이는 부정할 수 없는 사실입니다. 따라서 저는 플래너를 작성할 때 '어떻게 하면 더 놀 수 있을까?'에 초점을 맞췄습니다.

저는 매일 공부를 시작하기 전에 플래너에 그날 하루 동안 끝내야 할 분량을 적어놨습니다. 그다음 공부시간과 쉬는 시간을 나눈 시간표를 작성한 후, 각 시간당 끝내야 할 분량을 따로 적었습니다. 공부시간은 1시간 30분 간격으로 나눴는데요. 이렇게 시간을 분배한 이유는 1시간 30분이 제가 충분히 집중할 수 있는 시간이기 때문입니다. 저는 한 가지 과목만 하루 종일 공부하면 금방 싫증이 나더라고요. 그래서 하루에 세 가지 과목을 섞어서 공부했습니다.

공부가 하기 싫을 땐 오늘 분량을 끝내고 뭐하고 놀지 고민했습니다. 참고로 '목표를 달성하면 신나게 놀 거야.'라고 마음먹기보다는 '이걸 끝내지 못하면 나는 놀지 못한다.'라고 스스로에게 제약을 거는 편이 낫습니다. 그렇게 마음먹으니 하루 할당량을 채우기 위해 높은 집중력이 발휘되더라고요.

세상은 넓고,
직업은 다양하다

저는 어릴 적부터 수학, 과학을 좋아해서 딱히 진로 고민을 해 본 적이 없었습니다. 과학 중에는 특히 물리, 화학 분야를 좋아했기 때문에 별다른 고민 없이 신소재공학과를 지망했습니다. 그러다 대학교에 와서 처음 '드라마'라는 것을 접했는데요. 고등학교 때까지는 드라마를 본 적이 없었는데, 대학교에 와서 처음 스마트폰이 생기면서 스마트폰으로 드라마를 보기 시작했습니다. 이때 처음으로 깊이 있게 진로에 대해 고민해보지 않은 것을 후회했습니다. 물론 픽션이지만 드라마에 단골로 나오는 경찰, 의사, 법의학자, 변호사 등의 직업이 제 눈에는 너무 멋져 보였습니다. 그래서 뒤늦게 진로에 대해 고민하는 시간을 가졌습니다. '과연 내가 어렸을 때부터 그토록 바랐던 공학자라는 꿈을 버리고 단순히 멋져 보인다는 이유로 진로를 변경할 수 있을까?' 끊임없이 고민해봤지만 그래도 역시 저는 공학이 가장 좋더라고요.

현재는 대학원에서 신소재공학을 보다 심도 있게 공부하고 있습니다. 후회는 없지만 '내가 만약 카이스트가 아니라 경찰대학교나 의과대학교를 진학했다면, 혹은 신소재공학이 아니라 다른 전공을 공부했다면 어땠을까?'라는 상상을 가끔씩 합니다. 이 역시 진로 고민이 부족했기 때문에 생긴 후회겠지요. 여러분은 후회가 남지 않도록 다양하고 폭넓게 진로를 고민해보기 바랍니다.

참고로 '내가 하고 싶은 일'과 '내가 하고 싶어서 하는 일'은 조금 다릅니다. 전자는 '하고 싶은'에 초점이 맞춰져 있지만 후자는 '내가'에 초점이 맞춰져 있습니다. 공부든, 운동이든, 음악이든, 노는 것이든 항상 '나'에게 초점을 두고 주체적으로 행동하세요. 부모님의 강압, 선생님의 권유, 친구의 제의가 아니라 내가 하고 싶어서 해야 합니다. 그러기 위해서는 명확한 목표가 있어야 하므로 목표부터 설정해야겠지요. 목표를 세워 스스로, 주체적으로 나아가다 보면 보다 발전된 자신을 발견할 수 있을 것입니다. 여러분의 발전을 기원합니다.

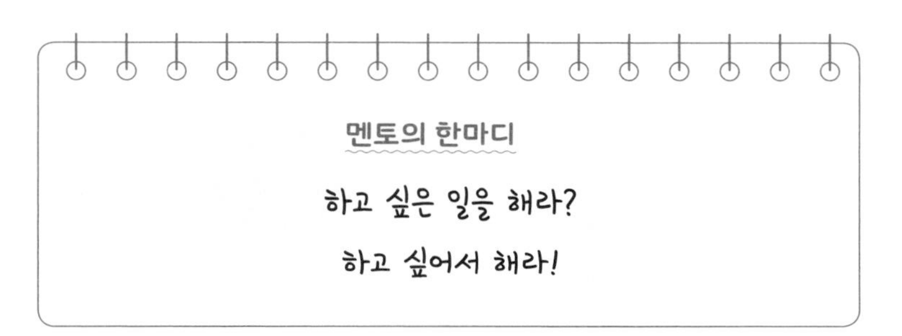

구술면접을 두려워 말자

서울대학교 이민석

이름	이민석	대학교	서울대학교	학과	기계항공 공학부
입학연도	2020년	전형	일반	수능	-
고등학교	충남과학 고등학교	합격학교	서울대학교, 카이스트, 연세대학교, 광주과학기술원		
내신	2.1				

| 충남과학고등학교를 조기 졸업하고 서울대학교 기계공학부에 입학한 이민석입니다. 가장 좋아하는 과목은 수학과 물리이며, 취미는 배드민턴과 기타 연주입니다. 저는 수시 일반 전형으로 서울대학교 기계공학부에 지원했는데요. 당시 2차 면접은 수학 구술면접이었습니다. 구술면접은 학생의 전공 역량을 평가하기 위해 여러 대학에서 활용되고 있는 면접 방식으로, 개인의 인성이나 시사 상식을 측정하는 단순 면접과는 색깔이 많이 다릅니다. 따라서 사전에 철저한 대비가 필요합니다.

난이도가 높다고 당황하지 말자

서울대학교 기계공학부 일반 전형의 구술면접은 각자 45분 동안 2~3문제를 풀고, 15분 동안 교수님께 설명하는 방식으로 진행됩니다. 저는 고등학교 2학년 여름방학부터 면접 준비를 시작했는데요. 처음에는 자기소개서 작성과 면접 준비를 병행했고, 그해 9월부터는 면접만 준비했습니다. 최대한 많은 문제를 풀어보고 싶다는 생각에 토요일마다 대치동 면접학원에 다녔는데요. 서울에서 학교를 다니는 다른 학생들과 경쟁하다 보니 자극이 참 많이 되더라고요. 대치동이라고 해서 수업의 질이 월등히 높지는 않았지만, 학생들의 학구열이 높아 확실히 분위기가 달랐습니다.

그렇게 3~4개월 동안 수학 공부만 하며 면접을 준비했습니다. 전공 계열에 따라 구술면접의 기출 유형도 달라지는데요. 예를 들어 2020년 서울대학교 인문계열의 경우 공유경제 유형과 모델, 이에 얽힌 다양한 이해당사자와 사회·경제적 문제 등에 대한 지문이 나왔습니다. 같은 해 서울대학교 자연과학계열의 경우 한반도의 주요 암석 분포를 쥐라기의 중요한 지질학적 사건과 관련지어 이해하고 있는지 등을 평가하는 문제가 출제되었습니다. 이처럼 지원하는 전공 계열에 따라 기출문제 유형도 달라지기 때문에 이에 맞춰 사전에 철저히 대비해야 합니다. 보통 면접 기출문제는 대학교 홈페이지에서 확인할 수 있습니다.

서울대학교의 수학 구술면접은 2018년부터 난이도가 쉬워지는 추세였고, 2019년에는 정답을 다 맞혀도 떨어진 사례가 있다고 들었습니다. 면접장에 들어가기 전부터 무조건 다 맞혀야 한다는 강박감을 갖고 있었지요. 그렇게 면접날이 되었습니다. 그런데 2번 문제는 풀었지만 1번 문제는 아무리 봐도 답이 구해지지 않았고, 다 맞혀야 한다는 강박감 때문에 마음은 계속 흐트러졌습니다. 막바지에는 모든 것을 포기한 상태에 이르렀지요. 뒤늦게 1번 문제의 지문을 잘못 읽었다는 것을 깨달았지만, 시간이 부족한 탓에 문제를 끝까지 다 풀지 못한 채 면접을 마무리했습니다.

문제를 다 풀지 못했기 때문에 낙담할 수밖에 없었는데요. 나중에 다른 사람들의 면접 후기를 확인하니 다들 비슷한 상황이더라고요. 다행히 저는 합격할 수 있었고, 그제야 "문제가 어렵게 느껴지면 다른 사람들에게도 다 어려운 거야. 그러니 마음 편히 먹어."라는 선배들의 조언을 이해할 수 있었습니다. 그래도 '문제를 다 풀어야 한다는 강박감이 없었더라면 더 잘 볼 수 있었을 텐데.' 하는 아쉬움은 남았습니다. 제가 드리는 면접 노하우는 다음과 같습니다.

1. 최대한 실전과 비슷한 환경에서 연습한다.
2. 말솜씨보다는 말의 내용과 태도가 중요하다.
3. 비싼 면접학원이 필수적인 것은 아니다.
4. 대기시간은 우리에게 주어진 마지막 기회다. 면접 전까지 준비한 자료를 빠르게 훑어보자.

자기소개서의 본질을 파악하자

자기소개서는 왜 작성하는 것일까요? 아마 '대학에서 자기소개서를 일일이 다 보지 않겠지?' 하는 생각에 대충 쓰고 제출하는 학생도 있을 것입니다. 학생부종합 전형은 생활기록부를 바탕으로 학생의 역량을 평가하는 전형입니다. 그런데 현실적으로 생활기록부를 모두 꼼꼼하게 읽어볼 수 있을까요? 분량이 많다 보니 시간의 한계를 극복하기 쉽지 않겠지요. 그래서 필요한 것이 자기소개서입니다.

자기소개서는 자신의 생활기록부 중에서 강조하고 싶은 부분을 보충 설명하는 기능을 합니다. 그래서 자기소개서는 생활기록부를 바탕으로 작성되는데요. 개인적으로 자기소개서에서 가장 중요한 요소는 '차별성'이라고 생각합니다. 차별성이 없는 자기소개서는 자신을 소개한다는 본질적인 목적을 달성하기 어렵습니다. 특별한 교내외 활동을 통해서 자신만의 차별성을 드러낼 수 있다면 좋겠지만, 그렇게 특별한 소재를 가진 고등학생은 드뭅니다. 따라서 평범한 소재를 특별한 소재로 만들기 위해 자기소개서로 의미를 부여하고, 느낀 점 등으로 그것이 자신에게 어떤 영향을 미쳤는지 서술해야 합니다.

이해를 높여주는 강의식 공부법

강의식 공부법은 학습 내용을 칠판에 써서 마치 다른 사람에게 강의하듯이 관련 내용을 학습하는 공부법입니다.

미국의 행동과학연구소 NTL(National Training Laboratories)의 연구 결과에 따르면, 가장 효율적인 공부법은 학습한 내용을 강의하듯 풀어내는 '직접 설명하기'였다고 합니다. 우리는 보통 학습 내용을 몇 번 반복해서 읽은 다음 관련 내용을 완벽

공부하는 방법에 따른 효율성 비교

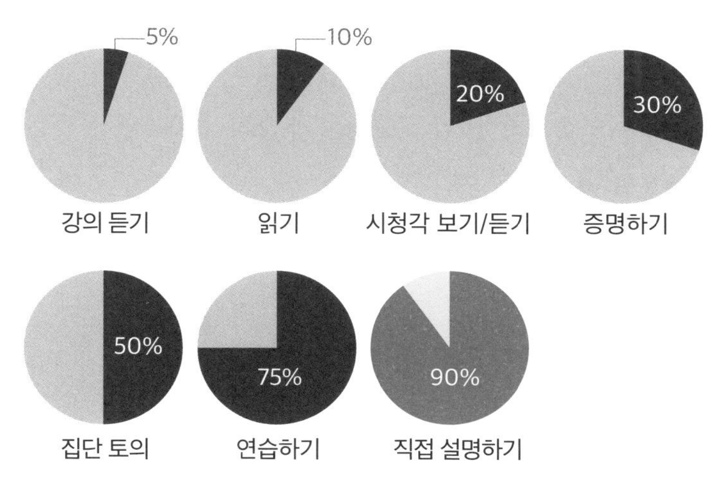

자료: NTL

히 다 이해했다고 생각하는데요. 사실 학습 내용을 '완전히' 이해한 것인지, 이해했다고 '착각'한 것인지 구분하기란 쉽지 않습니다. 하지만 강의식 공부법을 사용하면 이를 명확히 확인해 볼 수 있습니다.

먼저 학습 내용을 이해했다는 생각이 들 때까지 반복적으로 읽으며 암기합니다. 그다음 친구나 인형, 가상의 인물 등을 앞에 두고 칠판에 학습 내용의 주제를 적습니다. 마지막으로 칠판에 그 주제에 대해 알고 있는 내용을 모두 쏟아내며 강의하면 끝입니다. 누군가에게 뭔가를 가르친다는 건 쉬운 일이 아닙니다. 어설프게 알고 있으면 금방 밑천이 드러날 수밖에 없지요. 다른 사람에게 어떤 것을 설명하는 과정에서 비판적 사고가 이뤄지고, 스스로 논리성을 검토하게 됩니다. 즉 내가 잘 모르거나, 대충 아는 부분을 스스로 깨달으며 이해도가 높아질 수 있습니다. 또한 친구들에게 강의식 공부법을 활용하면 가끔씩 예상하지 못한 질문을 받는 경우가 생기는데요. 그 질문에 대한 답변을 고민하는 과정에서 이해도가 크게 향상될 수 있습니다.

다음은 강의식 공부법과 관련된 〈한겨레〉의 2010년 1월 31일 기사입니다.

장래혁 한국뇌과학연구원 선임연구원은 "배울 때와 가르칠 때 뇌가 다르게 반응한다."며 "배울 때는 수동적으로 지식을 입력받기 때문에 깊이 있게 사고하기보다는 기억하려는 쪽에 집중하고, 가르칠 땐 자신이 아는 정보를 다른 사람에게 전달하는 것이 목적이기 때문에 100% 이해하지 못했다는 생각이 들면 더는 설명을 할 수 없게 된다."고 지적했다. (…) '가르치며 공부하는' 방식은 자신에게 '아직도 이해가 부족하다.'란 자각을 끊임없이 일으키는 효과적인 방법이다. 장 연구원은 "자각에 민감한 아이들은 부족한 부분을 학습으로 메우려 한다."며 "해당 내용을 완전히 이해하려고 노력하는 과정에서 사고력, 이해력이 높아진다."고 덧붙였다.

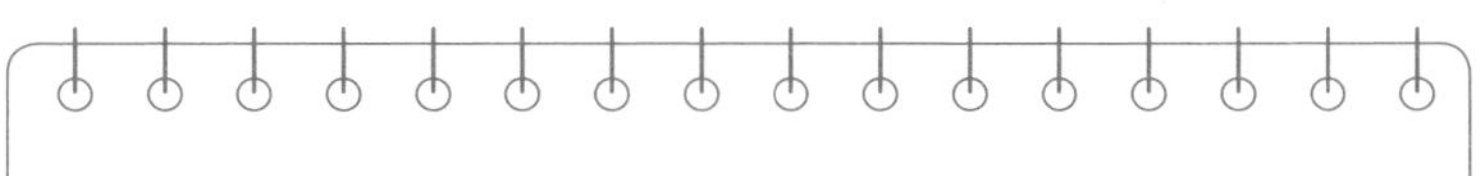

멘토의 한마디

'하면 될까?'라고 고민할 시간에

성공할 확률을 높이기 위해 노력하자.

날 표현할 수 있는 한마디

카이스트 박창현

<table>
<tr><td>이름</td><td>박창현</td><td>대학교</td><td>카이스트</td><td>학과</td><td>신소재
공학과</td></tr>
<tr><td>입학연도</td><td>2017년</td><td>전형</td><td>일반</td><td>수능</td><td>-</td></tr>
<tr><td>고등학교</td><td>한국과학
영재고등학교</td><td rowspan="2">합격학교</td><td colspan="3" rowspan="2">카이스트, 울산과학기술원,
연세대학교, 고려대학교</td></tr>
<tr><td>내신</td><td>-</td></tr>
</table>

저는 멘티들이 "공부를 왜 해야 하나요?"라고 물으면 "일단 해봐."라고 답변하는 편입니다. 저는 공부하는 이유를 공부 속에서 찾았고, 그것을 스스로 깨닫는 과정이 무엇보다도 중요하다고 생각합니다. 한 번도 해보지 못한 것과 한 번이라도 해본 것의 차이는 말로 형용할 수 없을 정도로 크니까요.

설명할 수 없다면 아는 것이 아니다

수시가 확대되고, 취업 경쟁이 치열해지면서 면접은 성공을 위한 필수불가결의 요소가 되었습니다. 정시나 면접이 없는 전형을 선택하지 않는 이상 면접은 피할 길이 없습니다. 하다못해 나중에 아르바이트를 하거나, 인턴십에 지원하더라도 마찬가지입니다. 따라서 '말하기'에 자신이 없더라도, 면접이 어렵게 느껴지더라도 피해서는 안 됩니다.

저 역시 객관식 위주의 시험에 익숙해져 있다 보니 생각을 표현하는 데 어려움을 느꼈습니다. 제 첫 면접은 한국과학영재고등학교 입시 때였고, 이후 카이스트 일반 전형에 지원했을 때도 면접을 보았습니다. 오롯이 정답의 유무만 살피는 일반 시험과 달리 면접은 본인의 생각을 얼마나 논리정연하고 자신감 있게 표현하는지가 중요했습니다. 전공 관련 면접의 경우 공부한 내용을 말로 표현할 수 있도록 대비해야 합니다. 결과만 달달 외우는 것이 아니라 원리와 그 과정을 스스로 생각해서 말할 줄 알아야 하는데요. 공부할 때 정답이 도출되는 원리와 과정을 정리하고 표현하는 습관을 기르면 좋습니다. 공부법 중에 누군가에게 가르치듯이 학습하는 '강의식 공부법'이 있는데요. 강의식 공부법으로 학습하면 공부 효율이 올라갈 뿐만 아니라 면접에도 큰 도움이 됩니다.

인성 관련 면접의 경우 심리적 안정감을 위해 미리 예상 질문을 뽑아놓고, 답변의 흐름을 시나리오처럼 준비해놓으면 좋습니다. 사전에 어떤 질문이 나왔을 때 무엇을 중심 키워드로 삼아 대답할지 정해놓으면 막힘없이 답변할 수 있습니다. 따라서 자기소개, 꿈, 공부법 등 기초적인 질문에는 답변의 골조를 미리 정해놓기 바랍니다. 예를 들어 대입 면접에서 자주 나오는 질문 10개는 다음과 같습니다.

1. 자기소개를 해보세요.
2. 10년 후 자신의 모습과 그것을 이루기 위해 해야 할 노력

을 이야기해보세요.

3. 다른 과목에 비해 ○○ 과목이 부진한데 그 이유는 무엇인가요?
4. ○○학과에 오기 위해 어떤 노력을 했나요?
5. 리더십을 발휘했던 경험을 말해보세요.
6. 봉사 활동 시간이 많은데(적은데) 이유가 있나요?
7. 감명 깊게 읽은 책과 책에서 기억나는 내용을 말해보세요.
8. 본인이 평소에 존경하는 사람이 있다면 누구인지, 왜 존경하는지 이야기해보세요.
9. 학교에서 학업 말고 다른 목표를 성취한 경험이 있나요?
10. 학생을 뽑아야 하는 이유는 무엇인가요?

사전에 이렇게 예상 질문들을 추려서 정리하면 실전에서 다양하게 응용할 수 있습니다. 예를 들어 국어 내신 성적이 낮다면 면접관이 3번처럼 '국어 성적이 낮은 이유는 무엇인가요?'라고 질문할 수도 있지만, 반대로 '국어에 비해 ○○ 과목의 성적이 높은데, 그 이유는 무엇인가요?'라고 질문할 수도 있겠지요. 따라서 최대한 다양한 상황과 질문에 잘 대처할 수 있도록 연습할 필요가 있습니다.

기본적인 면접 예절로는 다음의 몇 가지가 있습니다.

1. 질문이 들어온다면 잠깐 뜸을 들인 뒤 천천히 답한다.
2. 강조할 부분에서는 톤을 높인다.
3. 면접관이 반박할 경우 답변을 수정할지, 논리를 유지할지 선택해 당당하게 답변한다.
4. 잘못 대답한 부분이 있거나 모르는 부분이 있으면 회피하지 말고 피드백한다.

맹목적인 사교육은 독

사교육은 멘티들과 학부모들이 굉장히 궁금해하는 주제입니다. 사교육을 받는 학생들은 크게 두 부류로 나뉘는데요. 첫 번째는 공교육이 부족해 남는 시간에 더 깊이 있게 배우고 싶어 하는 학생들이고, 두 번째는 공교육의 내용을 따라가지 못해 추가로 보충이 필요한 학생들입니다. 이러한 부류의 구분과 상관없이 사교육을 받을 예정이라면 한 가지 명심할 것이 있습니다. 바로 본인의 능력에 맞게 사교육을 활용해야 한다는 것입니다.

실력이 되지 않거나 혹은 충분히 공부하지 않은 상태에서 맹목적으로 사교육을 받게 되면, 즉 본인의 능력에 맞지 않게 선행학습을 하면 효과를 보기 어렵습니다. 사교육은 본인의 능력에 맞게 받아야 합니다. 안타깝게도 비싼 돈을 들여 맹목적으로 사교육을 활용하는 친구가 많습니다. 보통 그런 친구들은 학습량을 중시하는데요. 즉 선행학습을 얼마나 했는지를 중요시해 겉핥기식으로 학습하는 경우가 많습니다.

예를 들어 고등학교 1학년이라면 1학년 교육 과정을 충분히 학습한 후 2학년 교육 과정으로 넘어가야 합니다. 그런데 1학년 수학도 제대로 모르면서 2~3학년 수학으로 넘어가는 경우가 많습니다. 이런 식으로 사교육을 이용하면 이는 독으로 작용합니다. '나중에 가면 더 어려워지니까 일단 진도를 나가자.' 하는 생각은 지양해야 합니다. 그럼 유치원 때부터 미적분을 척척 해내면 좋은 걸까요? 정말 상위 0.01%의 천재가 아닌 이상 유치원 때부터 미적분을 할 필요는 없습니다. 1학년이라면 1학년 수학의 기본 개념과 문제의 유형들을 모두 터득한 다음에 2학년 수학으로 넘어가야 합니다. 생각보다 진도가 빨라 1학년 수학이 너무 쉽게 느껴진다면 당연히 2학년 교육 과정으로 넘어가는 게 맞습니다. 하지만 학원에서 숙제처럼 2학년 교육 과정을 선행학습하는 친구들 중에 1학년 교육 과정을 완벽히 터득한 학생이 몇 명이나 될까요?

저학년 교육 과정을 온전히 자신의 것으로 만들면 자연스레 고학년 교육 과정의 공부 속도도 빨라집니다. '남들도 다 선행학습을 하기 때문에 나도 해야 한다.'라는 생각에 초조한 마음으로 앞서가려고 하면 넘어지기 마련입니다. 비교적 내용이 쉬운 중학교 때는 맹목적인 선행학습이 통할지도 모르지만 고등학생이 되면 달라질 것입니다. 예를 들어 해당 학년의 시험에서 90점 이상을 늘 받으며 모든 이론을 꿰고 있는 상태라면 선행학습을 해도 좋습니다. 하지만 그게 아니라면 선행학습 때문에 오히려 지금 배워야 할 내용들을 놓치는 현상이 벌어지게 됩니다. 나중에는 '아니, 나는 이렇게 열심히 공부했는데 왜 점수가 안 나오지?'라고 생각하게 될 것입니다.

부족한 부분을 보충하고자 학원에 가는 경우도 마찬가지입니다. 사실 학원, 과외, 인터넷 강의 등 방법은 다양합니다. 기본 개념이 부족하고 복습할 시간이 없다면 학원은 별로 좋은 선택지가 아닙니다. 반면 자기주도학습이 어렵고 반복적인 문제풀이가 필요하다면 학원에 가는 편이 낫겠지요.

공교육은 구조상 학생들 하나하나를 개별적으로 챙기기 어렵기 때문에 사교육이 꼭 나쁜 것만은 아닙니다. 그러나 본인이 의지가 없다면 사교육은 독입니다. 오히려 공부에 대한 흥미만 저하될 것입니다. 사교육을 통해 학부모가 자녀를 물가에 데려다 놓을 수는 있지만 물을 마시는 것은 학생들 스스로의 몫입니다. 그러므로 스스로 부족한 부분을 채우고 발전할 생각이 없다면 학원에 다닐 시간에 차라리 다른 생산적인 활동을 하는 것이 좋습니다.

공부는
투자이자 거래

공부는 종종 10대의 행복한 인생을 방해하는 장애물로 취급됩니다. 충분히 그렇게 생각할 수 있습니다. '무언가를 습득하는 행위'는 그만큼 인고가 따르기 때문입니다. 꿈과 직접적으로 상관이 없다는 이유로 공부의 필요성을 느끼지 못하는 경우도 많지요. 예를 들어 '내 꿈은 화가인데 왜 수학 문제를 풀어야 할까?'라고 생각하는 경우가 대표적입니다.

하지만 당장 필요 없어 보이는 학문을 배우는 이유는 나중에 써먹기 위해서가 아닙니다(전공에 따라 써먹는 경우도 생깁니다). 그것을 학습하고 연마하는 동안 성취감과 문제해결력을 키울 수 있기 때문입니다. 사회는 아프리카 초원의 야생보다 더 잔혹합니다. 그 안에서 살아남고, 경쟁하고 싶다면 자신의 능력을 객관적으로 보여줘야 합니다. 누군가를 판단하는 가장 보편적인 기준은 '공부'이기 때문에 어떤 꿈을 꾸든 공부는 피할 수 없습니다. 안타깝지만 그것이 현실입니다. 따라서 필요에 의해서 주체적으로, 의욕적으로 공부하기 바랍니다.

공부도 게임처럼
전략적으로

공부를 효율적으로 하기 위해서는 계획이 중요합니다. 그렇다고 항상 플래너를 써야 하는 것은 아닙니다. 현재 무엇을 해야 하고, 공부량이 얼마나 남았는지 머릿속에서 스스로 판단할 수 있다면 굳이 플래너를 쓰지 않아도 됩니다. 하지만 어디까지 진도를 나갔는지 모르겠거나, 얼마나 공부했는지 감이 오지 않는다면 플래너가 필요합니다. 플래너는 거창할 필요 없이 '투두 리스트' 방식을 추천합니다. 매일 밤 자기 전에 다음 날 해야 할 공부들을 리스트로 쭉 작성하고, 해당 목표를 이룰 때마다 동그라미(○), 세모(△), 엑스(×) 등으로 표시하는 것입니다. 이렇게 투두 리스트를 활용하면 내가 오늘 하루 목표를 얼마나 달성했는지, 부족한 부분은 무엇이었는지 스스로 피드백할 수 있게 됩니다.

플래너의 데이터가 최소 2주 이상 쌓이면 본인이 하루에 공부를 얼마나 하는지, 성취율은 어느 정도인지 알게 됩니다. 동그라미(○) 표시가 60% 이하라면 공부 의욕이 부족하거나, 욕심이 과해 본인의 능력 이상으로 계획을 설정한 경우입니다. 반면 동그라미(○) 표시가 90% 이상이라면 매우 열심히 공부했거나, 하루 공부량을 적게 잡은 것이니 계획을 수정해야 합니다. 이상적인 플래너의 경우 동그라미(○) 표시가 80~90% 사이의 분포를 보입니다.

전공 vs.
대학교 간판

많은 학생이 전공과 대학교 간판 사이에서 고민하곤 합니다. 진로와 관련된 전공을 선택해 전문성을 길러야 할까요? 아니면 겉으로 보이는 대학교 간판을 더 중시해야 할까요? 이는 늘 끊이지 않고 이어지는 논쟁거리입니다. 하지만 정답은 없습니다. 사람마다 추구하는 가치가 다르고, 환경이 다르기 때문입니다. 그냥 전공과 대학교 간판 중 원하는 쪽을 선택하면 됩니다. 물론 성적이 정말 좋다면 걱정 없이 원하는 대학교의 원하는 학과를 선택할 수 있지만, 최상위권 학생 몇몇을 제외하고는 대부분 선택의 갈림길에 놓이게 됩니다. 그렇기에 본인이 어떤 가치를 더 중요하게 여기는지 평소에 진지하게 고민해볼 필요가 있습니다.

이 문제가 자주 화두에 오르는 이유는 실제로 '입결이 낮은 대신 원하는 전공'과 '입결이 높은 대신 희망하지 않는 전공' 사이에서 고민하는 학생이 많기 때문입니다. 본인이 원하는 전공을 살리고 싶고, 진로에 확고한 신념이 있다면 대학교 간판보다는 전공이 더 중요해집니다. 하지만 전공을 살리기보다 안정적인 직장, 좀 더 많은 월급을 주는 직장에 눈길이 간다면 대학교 간판을 중시할 수밖에 없습니다. 이 밖에도 등록금, 집과 대학교의 거리 등 변수는 다양합니다.

물론 블라인드면접이 확대되고 있고, 학벌보다는 실력이 더 중요하다는 인식이 팽배해지고 있는 상황입니다. 무엇보다 좋은 대학에 들어가도 노력을 하지 않으면 당연히 아무것도 이룰 수 없지요. 하지만 그래도 경쟁 사회에서 대학교 간판은 무시할 수 없는 중요한 평가 지표 중 하나입니다. 대학교 간판이 모든 것을 해결해주지는 않지만 학력이 중요한 것만은 분명한 사실이니까요.

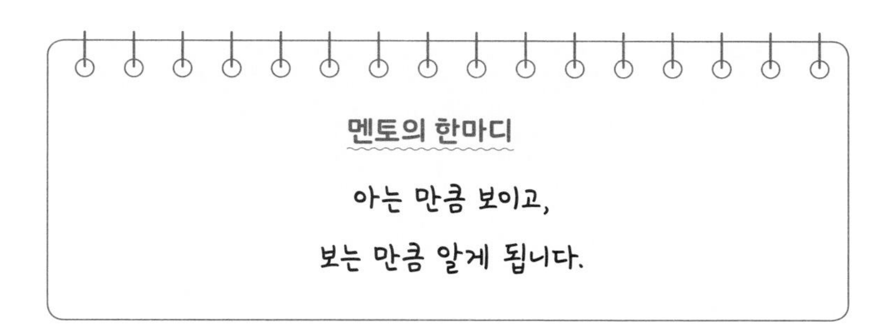
멘토의 한마디
아는 만큼 보이고,
보는 만큼 알게 됩니다.

4장 핵심요약

- 학생부종합 전형은 고등학교 3년간 누적된 기록을 중시한다. 따라서 자기소개서와 생활기록부의 모든 내용을 빠짐없이 잘 살펴보고 관련 질문에 대비해야 한다. 더불어 면접의 핵심은 전공 적합성이다. 자신이 해당 전공에 얼마나 적합한 인재인지 짧은 시간 안에 다 드러내야 하기 때문이다.
- 자기소개서를 한 편의 시나리오라고 생각하고 논리적으로 이야기를 전개하자. 참고로 자신의 단점에 관한 질문에 답할 때는, 단점을 밝히는 데 그치지 말고 그러한 단점이 어떻게 긍정적으로 작용할 수 있었는지 함께 이야기해야 한다. 단점을 극복하기 위해 어떤 노력을 했는지도 언급하면 좋다.
- 면접은 '운'과 '배짱'에 달려 있다. 겁먹지 말고 아는 것을 자신 있게 풀어내자..
- 최대한 실전과 비슷한 환경에서 연습해야 하며, 말솜씨보다는 말의 내용과 태도가 중요하다. 비싼 면접학원이 필수적인 것은 아니다.
- 오롯이 정답의 유무만 살피는 일반 시험과 달리 면접은 본인

의 생각을 얼마나 논리정연하고 자신감 있게 표현하는지가 중요하다. 결과만 달달 외우는 것이 아니라 원리와 그 과정을 스스로 생각해서 말할 줄 알아야 한다.

- 잘못 대답한 부분이 있거나 모르는 부분이 있으면 회피하지 말고 피드백한다.

5장

: 나만의 길을 찾아라

"무엇이라도 꿈을 꿀 수 있다면
그것을 실행하는 것 역시 가능하다."

_ 월트 디즈니(Walt Disney)

내가 어느 분야에 관심이 있는지 알고 싶다면 어떻게 해야 할까요? 진로 탐색을 위해서는 우선 대학교 전공을 이해해야 합니다. 제일 쉬운 방법은 대학교 홈페이지에 들어가 학과 리스트를 뽑아보는 것입니다. 학과들의 이름을 하나씩 보면서 뭔가 재미있을 것 같거나 관심이 있으면 동그라미(○) 표시를, 잘 모르겠으면 세모(△) 표시를, 전혀 관심이 없으면 엑스(×) 표시를 해봅시다. 최근 창의융합형 인재에 대한 이슈로 학과 통폐합이 활발하게 이뤄지면서 여러 융합형 학과들이 신설되고 있는 추세입니다. 완전히 생소한 학과도 있을 것이고, 막연하게 어디서 들어본 적 있는 학과도 있겠지요. 관심은 가는데 정확하게 무슨 학과인지 모르겠다면 학과별 홈페이지가 있으니 꼭 들어가서 확인해보기 바랍니다. 학과 소개, 전공 과목, 졸업 후 진로 등을 확인할 수 있습니다.

대학별로 적게는 수십 개, 많게는 100여 개 이상의 전공이 있지만 하나씩 제하다 보면 리스트에 남아 있는 학과가 많지는 않을 것입니다. 남은 학과만 따로 정리해서 선배나 지인을 통해 세부적인 이야기도 들어보고, 관련 책이나 유튜브 등을 통해 공부도 해봅시다. 처음에는 막막하겠지만 그렇게 학과에 대한 정보를 머릿속에 정리해두면 진로가 조금씩 구체화되

숭실대학교 학과 정보 페이지. 대학교 전공을 이해하기 위해서는 학과 리스트를 정리해야 합니다.

고, 수시를 준비할 때도 큰 도움이 될 거예요.

주의해야 할 부분은 학과의 이름만 보고 판단해서는 안 된다는 것입니다. 대학교에서는 전공을 중심으로 더 폭넓고 구체적인 지식을 배우게 됩니다. 예를 들어 청소년들이 가장 쉽게 생각하는 학과 중 하나가 경영학과인데요. 경영학과에 가면 회사를 경영하는 방법을 배우고, 졸업 후에 CEO가 될 수 있을 것이라고 생각하는 경우가 의외로 많습니다. 하지만 마케팅, 조직 관리, 인사, 재무 등 실제로 배우는 과목은 굉장히 다양합니다. 졸업 후 진로 또한 한두 가지로 국한하기 어려울 만큼 다양하지요.

학과의 이름이 같아도 대학교마다 배우는 세부적인 전공 내용은 조금씩 다를 수 있습니다. 특히 이름에 '미디어'가 들어간 경우가 그렇습니다. 이름에 미디어가 들어가면 영상, 디자인, 언론에 대해 배울 것이라고 생각하지만 프로그래밍이 주를 이루는 학교도 있고, 영상이나 디자인에 더 많은 비중을 두는 학교도 있습니다. 학교마다 커리큘럼이나 중점을 두는 과목들이 다르기 때문에 반드시 관련 내용을 확인해야 합니다.

가장 좋은 건 꿈이 확고해 흔들림 없이 입시를 준비하는 것입니다. 고등학교 1학년 때부터 진로가 정해진 상태라면 꾸준히 관련 교내외 활동을 하는 등 미리 남들보다 유리한 고지를 점령할 수 있습니다. 하지만 꿈은 자주 바뀔 수밖에 없고, 아직 뚜렷한 꿈과 목표가 없는 경우도 많습니다. 세상은 넓고 할 일은 많습니다. 하지만 세상은 딱 내가 아는 만큼만 보이기 마련입니다. 입시 경쟁도 좋지만 진로 탐색에 투자하는 시간을 아깝게 느껴서는 안 됩니다. 인생 전체를 놓고 보면 어쩌면 공부하는 시간보다 꿈과 진로를 탐색하는 데 소요되는 시간이 더 소중할지도 모릅니다.

꿈은 사소한 데서 비롯될 수도 있고, 어느 날 불현듯이 생길 수도 있습니다. 책이나 수업을 통해 흥미 있는 분야가 생길 수도 있고, 유튜브나 강연에서 접한 무언가가 마음에 꽂혀 진로가 결정될 수도 있지요. 어느 날 뉴스를 보다가 꼭 해보고 싶은 일이 생기기도 합니다. 따라서 쳇바퀴처럼 반복되는 일상에서 벗어나 새로운 장소, 새로운 사람들, 새로운 경험을 통해 다양한 분야를 접하기 바랍니다. 저는 멘토링, 영상 제작, 대학교 강의, 협회 이사 활동 등 다양한 경험을 통해 각계각층의 사람들과 만나고 있습니다. 그럴 때마다 '정말 세상에는 다양한 직업이 있고, 내가 알고 있는 것은 아주 작은 일부에 불과하구나.'라는 것을 깨닫곤 합니다.

멘토들은 어떨까요? 남들이 부러워하는 명문대에 합격했지만 좋은 대학교에 들어갔다고 끝은 아닙니다. 아직도 시행착오를 경험하며 성장통을 겪는 멘토들이 참 많습니다. 꿈을 이루기 위해 다른 대학교 편입을 준비하거나, 다른 학과로 전과를 준비하는 멘토들도 있지요. 제 지인들 중에도 명문대를 졸업하고 대기업에 다니고 있지만 아직까지 진로 문제로 고민하는 경우가 여럿 있습니다. 어렸을 때는 돈이 없고, 나이가 들면 시간이 없다고 하지요. 며칠 공부를 덜 한다고 불안해하지 말고, 현재 내가 가진 시간이라는 가장 큰 자산을 잘 활용해봅시다.

작은 행동 하나와 생각의 변화로 내 인생이 바뀔 수도 있습니다. 평소 흥미 있던 분야를 깊이 있게 들여다보면 관심이 더 커지고, 그것을 이루기 위한 과정과 노력을 구체화하면 꿈이 됩니다. 물론 꿈은 바뀔 수 있습니다. 래퍼가 되고 싶다가도 의사를 꿈꿀 수도 있고, 나이가 들어 꿈이 바뀌는 경우도 많지요. 가능성이 무궁무진한 청소년들의 꿈이 자주 바뀌는 것은 어쩌면 너무 당연한 일입니다.

그런데 간혹 생활기록부에 기입하는 장래희망이 일관적이어야 한다고 믿는 학생들이 있습니다. 학년이 올라갈수록 꿈을 구체화하지 않으면 합격률이 떨어진다는 '카더라' 때문에 걱정하는 학부모도 여럿 보았습니다. 예를 들어 1학년 때는 영상제작자, 2학년 때는 PD, 3학년 때는 예능 PD라고 기입하는 것처럼, 학년이 올라갈수록 꿈을 구체화하면 합격률이 올라간다고 믿는 경우가 많더라고요. 이는 반은 맞고 반은 틀린 이야기입니다. 물론 꿈이 있고 그것을 구체화하는 것은 좋습니다. 자기소개서의 좋은 소재가 될 것이며, 면접도 보다 수월해질 것입니다. 그런데 입학사정관이 꼭 그렇게 꽉 막힌 사람들은 아닙니다.

현실적으로 적게는 3년 길게는 10여 년간 입시를 준비해

온 수험생들 중에 과연 얼마나 많은 학생이 구체적이고 현실적인 꿈을 갖고 있을까요? 입학사정관들도 우리와 같은 세상을 사는 사람들이니 당연히 현실을 잘 알고 있습니다. 꿈이 바뀐다고 해도 그러한 과정에서 내가 무엇을 느끼고, 왜 바뀌었는지 구체적으로 기입해 잘 납득시키기만 하면 됩니다.

이러한 카더라가 나온 이유는 장래희망이 불확실한 경우가 많기 때문이겠지요. 실제로 대부분 '이 직업, 괜찮을 것 같은데?' 하는 막연한 호기심을 바탕으로 장래희망을 결정하곤 합니다. 그런데 이렇게 특별한 고민과 노력 없이 불현듯 떠오른 생각 하나만으로 장래희망을 정하면, 당연히 입학사정관들을 설득하기 어려울 것입니다. 또한 실천이 없는 꿈은 망상에 불과합니다. 관심이 가는 분야와 꿈이 있다면 그것과 가까워지기 위해 자료도 찾아보고, 공부도 하고, 관련 활동도 해보는 등 직접 체험하기 위해 노력해야 합니다. 그리고 왜 이것을 하고 싶은지, 더 나아가 이 일을 통해 무엇을 이루고 싶은지 고민해봐야 합니다.

'나는 특별하니까 지금은 성적이 안 나와도 결국 원하는 대학교에 합격할 거야.' '나는 특별하니까 어느 날 우연히 캐스팅 제안을 받아서 연예인이 될 거야.' '나는 특별하니까 나중에 어떻게든 갑자기 내가 하고 싶은 일을 하게 될 거야.' 이처럼 노력을 안 해도 언젠가 내가 꿈꾼 대로 될 것이라고 막연히 생각하는 학생들이 의외로 많습니다. 이 또한 진로에 대한 성찰과 고민이 부족한 탓이겠지요.

최근 유튜버, 크리에이터를 꿈꾸는 학생들이 늘어나고 있습니다. 그래서 멘토트리에도 영상 편집 분야와 관련된 진로 상담이 많이 들어오고 있는데요. 이야기를 들어보면 대부분 공부는 포기하고 영상 제작을 하고 싶다는 뉘앙스입니다. 그런데 막상 직접 영상 편집을 해본 경우는 거의 없더라고요. 그냥 매일 유튜브만 보고 있는 경우가 많았습니다. 지금 스포트라이트를 받고 있는 몇몇 성공한 유튜버, 크리에이터의 모습이 화려해 보일지도 모릅니다. 그러나 현실은 냉혹합니다. 대다수의 유튜버, 크리에이터는 굉장히 고달프고 힘든 프리랜서입니다. 구독자 수가 적고, 조회수가 나오지않아 힘들어하는 누군가의 이야기가 남 일처럼 느껴지시나요? 실제로 유튜브가 되었든, 인터넷 방송이 되었든 시작만 하면 성공할 것이라고 믿는 경우가 참 많습니다.

이런 경우 멘토트리의 솔루션은 간단합니다. 일단 영상 편집에 대해 배우고, 6개월 정도 유튜브를 직접 운영해보도록 유도하는 것입니다. 물론 적성에 잘 맞고 생각보다 재미있게 채널 운영을 잘하는 학생들도 있습니다. 하지만 대다수의 학생들은 3개월도 채 되지 않아 포기하고 맙니다. 생각했던 것보다 영상 편집도 어렵고, 구독자도 잘 늘지 않기 때문입니다.

세상에는 공짜가 없습니다. 공부도, 꿈도 노력을 배신하지 않습니다. 꿈이 있다면 구체적으로 상상하고, 계획하고, 실행해봅시다. 그렇게 일단 무엇이든 시작했다면 더 이상 변명하지 말고 나중에 미련과 후회가 남지 않도록 모든 것을 쏟아붓기 바랍니다. 환경을 핑계대거나, 누군가를 탓한다고 해서 변하는 것은 없습니다. 결국 과거에 내린 결정들이 모여 오늘의 내가 만들어지기 때문입니다.

후회 없는 진로 정하기

울산과학기술원 김순민

이름	김순민	대학교	울산 과학기술원	학과	인간 공학과
입학연도	2019년	전형	일반	수능	7·7·5· 6·5·1
고등학교	경산고등학교	합격학교	울산과학기술원		
내신	1.53				

| 안녕하세요. 저는 경산고등학교를 졸업하고 현재 울산과학기술원 인간공학과에 재학 중인 김순민입니다. 저는 우리나라에서는 다소 생소한 뇌공학 분야를 공부하고 싶어 인간공학과에 지원하게 되었는데요. 현재는 진로 문제로 고민하고 있는 후배들에게 도움을 주기 위해 대학교 학생 홍보대사로 활동하고 있습니다.

인기 학과에 연연하지 말자

대학교마다 입결은 다르지만 대개 의학과, 간호학과, 경영학과, 건축학과, 신문방송학과, 교육학과 등 소위 '인기 학과'는 경쟁률이 높습니다. 진로 문제로 고민하는 후배들도 대부분 인기 학과 몇 개만을 염두에 두고 있더라고요. 혹시 여러분도 남들처럼 인기 학과에 가기 위해 애쓰고 있나요? 주변 친구들과 어른들이 추천하는 몇몇 학과만을 목표로 공부하고 있는 것은 아닌가요? 『나의 문화유산답사기』의 저자 유홍준 교수님께서는 "아는 만큼 보인다."라고 말씀하셨습니다. 맞습니다. 아는 만큼 보이기 때문에 시야를 넓힐 필요가 있습니다.

저는 학생부종합 전형의 존재 이유가 학생들 스스로 공부하고 싶은 분야를 찾는 데 있다고 생각합니다. 처음에는 저도 인기 많은 반도체공학, 화학공학 분야를 지망했었습니다. 그런데 막상 '왜 이 분야가 끌리지?'라고 마음속으로 자문해보면 딱히 떠오르는 말이 없더라고요(대부분의 학생이 마찬가지일 것입니다). 물론 인기 많고 재밌어 보인다는 상투적인 답변을 내놓을 수도 있지만, 별다른 이유가 떠오르지 않는다면 애초에 정말 하고자 하는 의지가 없는 게 아닐까요?

저는 어릴 때부터 사람의 '뇌'에 관심이 많았습니다. 늘 마음 한편에 뇌공학에 대한 관심이 자리 잡고 있었지요. 사소한 계기지만, 인간의 뇌와 관련된 책을 읽고 난 뒤부터 '뇌공학자'라는 직업에 흥미가 생기더라고요. 이후 뇌와 관련된 학과를 검색해보기도 하고, 관련 학과가 몇 개 없다는 사실에 혼자 속상해하기도 했습니다. 나중에는 '인기 있는 학과도 좋지만 내가 더 관심 있는 뇌공학 분야는 어떨까?'라는 생각이 들더라고요. 그렇게 저는 뇌사 상태의 환자와 의사소통할 수 있는 기술을 개발하겠다는 꿈을 갖고 공부하게 되었습니다.

저는 개인적으로 '인기 학과 vs. 원하는 학과'로 고민하고 있다면 후자를 선택하는 게 낫다고 생각합니다. 같은 맥락에서 '대학교 간판 vs. 원하는 전공'에 대한 고민 역시 후자를 선택하는 게 좋다고 믿습니다. ‘대학교 간판’과 ‘원하는 전공’의 차이점은 무엇일까요? 대학교 간판을 선택한다면 나중에 “○○대학교에 다니고 있습니다.”라고 이야기했을 때 반응은 더 좋을지도 모릅니다. 하지만 대학생이 되면 대학교 이름보다는 흥미와 적성이 더 중요해집니다. 특히 전공은 우리가 앞으로 평생 해야 할 일과 직업을 선택하는 데 직접적인 영향을 미치는 중요한 요인입니다.

대학교는 자신의 적성과 특성을 잘 살릴 수 있는 곳을 선택하는 것이 가장 좋습니다. 제가 울산과학기술원에 진학한 계기도 뇌공학을 전문적으로 배울 수 있다는 장점이 크게 작용했는데요. 이처럼 겉으로 보이는 간판도 물론 중요하지만 본인이 공부하고 싶은 분야가 따로 있다면 ‘전공’에 초점을 두고 대학교를 선택하는 것이 가장 좋다고 생각합니다.

선택과
집중

제 수능 성적을 보면 조금 의아할지도 모릅니다. 저는 수능 성적이 좋지 못했습니다. 고등학교 3학년 때부터 정시보다는 수시 전형에 집중했기 때문입니다. 제가 목표로 한 울산과학기술원에 가기 위해서는 내신 성적을 좀 더 끌어올려야 했고, 대학교 특성상 수능 점수보다는 면접이 더 중요했습니다. 불확실한 수능에 매달리기보다는 보다 전략적으로 부족한 부분을 채우는 데 집중했습니다. 물론 이 방법이 좋다고는 할 수 없습니다. 목표로 한 대학교에 불합격하면 대안이 없기 때문입니다. 하지만 저처럼 본인이 가고 싶은 대학교가 정해져 있고, 어느 정도 승산이 있다면 도전해보는 것도 나쁘지 않다고 생각합니다.

'수능'이라는 두 글자가 주는 부담감과 스트레스는 엄청납니다. 출제 난이도, 당일의 컨디션, 고사장의 분위기 등 우연성이 개입할 확률도 크지요. 물론 상황이 애매하거나 확실하지 않다면 수능과 내신을 모두 챙기는 것이 맞습니다. 하지만 본인이 정말 가고 싶은 대학교가 수능만 본다면 때로는 내신을 포기해야 하고, 내신만 본다면 때로는 과감하게 수능을 포기해야 합니다. 짧은 시간 동안 두 가지 모두를 완벽히 챙길 수 있는 사람은 매우 드뭅니다. 선택의 기로에서 갈팡질팡하다 이도 저도 아닌 결정을 내리기보다는, 자신의 선택에 자신감을 갖고 스스로 책임지는 주체적인 수험생이 되기 바랍니다.

불합격을 두려워 말자

수험생들은 '원하는 대학교에 합격할 수 있을까?'라는 공통된 불안감을 안고 살아갑니다. 저 역시 고등학교 3년 내내 마음이 참 불안했습니다. 주변에서 어떤 조언을 들어도 불안감은 사라지지 않을 것입니다. 하지만 불안감 때문에 집중력을 잃어서는 안 됩니다. 수험생활은 장기 레이스입니다. 불합격을 두려워 말고, 자신감을 갖고 당당하게 수험생활에 임한다면 한결 마음이 편해질 것입니다.

처음 면접을 연습할 당시 저는 첫 질문에 제대로 답변조차 하지 못했습니다. 아무런 준비를 하지 않았기 때문입니다. 모의면접이었지만 실패를 경험하니 화도 났고, 빈틈이 생기지 않도록 철저하게 대비하고 싶어졌습니다. 다행히 실전에서는 떨지 않고 준비한 대로 끝까지 면접을 마칠 수 있었습니다. 모범 답변은 아니더라도 진심과 노력이 담긴 한마디 한마디가 합격의 이유였다고 확신합니다. 불합격을 두려워 말고 자신 있게 나선다면 분명 좋은 성과가 따라올 것입니다. 노력은 배신하지 않습니다. 두려워 말고 끝까지 힘을 냅시다.

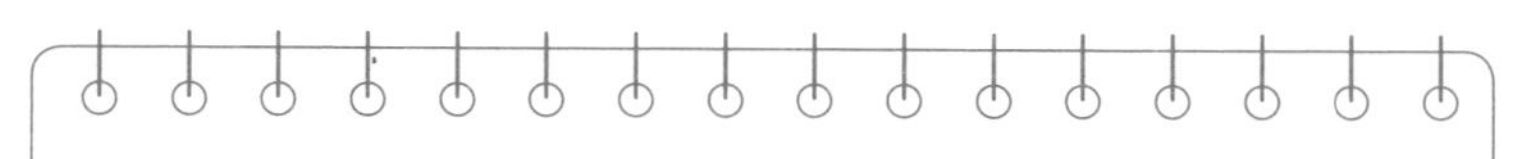

멘토의 한마디

여러분은 혼자가 아닙니다.

이 글이 당신의 외로움과 두려움을 덜어주길 바라며.

꿈이 바뀌어도 좋다

대구경북과학기술원 김효진

<table>
<tr><td>이름</td><td>김효진</td><td>대학교</td><td>대구경북
과학기술원</td><td>학과</td><td>무학과</td></tr>
<tr><td>입학연도</td><td>2020년</td><td>전형</td><td>일반</td><td>수능</td><td>-</td></tr>
<tr><td>고등학교</td><td>충남
과학고등학교</td><td rowspan="2">합격학교</td><td rowspan="2" colspan="3">대구경북과학기술원,
경희대학교, 중앙대학교</td></tr>
<tr><td>내신</td><td>4.75</td></tr>
</table>

고등학교에서 치른 첫 시험에서 저는 반 학생 18명 중 14등을 했습니다. 전교 석차는 더 처참했습니다. '중학교 때처럼 공부하면 그래도 중간은 가겠지.' 라고 자만했기 때문이었을까요? 당시 엄청난 충격을 받고 집과 기숙사에서 펑펑 울었던 기억이 납니다. 이후 정신을 차리고 이렇게 생각했어요. '난 겨우 이 정도의 사람이 아니야. 지금이라도 달라지자.' 3년 뒤 저는 전교생 50명 중 15등의 성적으로 졸업했고, 꿈꾸던 대구경북과학기술원에 입학할 수 있었습니다. 성적과 진로 문제로 고민하고 있는 후배들에게 이 글이 조금이라도 도움이 되길 바랍니다.

하고 싶은 일이 바뀌어도 괜찮다

저는 중학생 때부터 화학에 관심이 많았어요. 화학에 대해 잘 알지는 못했지만 변화가 눈으로 곧바로 확인되니까 신기하고 재밌게 느껴지더라고요. 그래서 고등학교 때 한 치의 고민도 없이 화학 동아리에 가입했습니다. 1학년 때는 자연스럽게 진로도 화학공학 분야를 염두에 두게 되었고, 멋진 조향사를 목표로 열심히 공부했습니다.

그런데 고등학교에서 배우는 화학이 제가 생각했던 것과 많이 다르더라고요. 마냥 신기하기만 했던 화학 현상을 제대로 이해하기 위해선 복잡한 계산식을 암기해야 했고, 무엇보다 재미가 없었어요. 그 대신 생명과학 분야가 새롭게 눈에 들어오더라고요. 당연하게 생각했던 우리 몸속의 대사 과정 하나하나가 서로 유기적으로 연결되어 작용하는 것이 참 흥미로웠습니다. 그러다 운 좋게도 화학 동아리에서 생명과학과 화학을 연계해 배우게 되었고, 최종적으로 생명과학을 더 자세히 공부하고 싶다는 생각을 갖게 되었습니다. 이는 훗날 제가 생명과학 연구로 특화된 대구경북과학기술원에 지원하게 된 계기가 되었지요.

이처럼 다양한 학문의 세계를 접하면서 경험의 폭이 넓어지면 꿈도 바뀔 수 있습니다(물론 고등학교 3년 내내 꿈이 변하지 않는 경우도 있습니다). 따라서 편견 없이 다양한 분야를 접하고 공부하는 것이 좋습니다. 간혹 생활기록부에 기재하는 장래희망이 자주 바뀌면 좋지 않다는 편견을 갖는 경우가 있는데, 장래희망이 바뀐다고 해서 합격률이 떨어지는 것은 아닙니다. 물론 근거 없이 꿈이 너무 자주 바뀌고, 바뀐 꿈에 대해서도 확신이 없다면 입시에 악영향이 갈 수도 있습니다. 하지만 이 또한 합격의 당락에 큰 영향을 미칠 정도는 아닙니다.

참고로 아직 진로가 확고하지 않다면 무학과 제도가 있는 대구경북과학기술원, 카이스트, 포항공과대학교 등에 지원해 보는 건 어떨까요? 무학과에 진학하면 고등학교 때보다 더 깊이 있게 여러 과목을 배우면서 스스로 어떤 학문에 관심이 있는지 신중하게 고민할 수 있습니다. 생활기록부의 장래희망이 자주 바뀌었다면, 오히려 자기소개서에 이를 무학과에 지원하게 된 계기로 활용해보면 어떨까요? 무학과 진학을 통해 진로 선택의 시행착오를 줄이고, 여러 학문을 폭넓게 경험할 수 있을 것입니다. 참고로 무학과 제도는 앞으로 여러 대학교에서 꾸준히 확대될 예정입니다.

칭찬은 고래도 춤추게 한다

제가 공부를 해야겠다고 결심한 이유는 다른 분야에서는 재능이 없다고 생각했기 때문입니다. 그나마 노력한 과정이 가장 잘 드러나고 성취감을 느낄 수 있는 분야가 '공부'더라고요. 중학생 때까지만 해도 하는 만큼 성적이 곧잘 나와서 스스로가 똑똑한 것 같았습니다. 처음 과학고등학교에 합격했을 때는 정말 제가 영재처럼 느껴졌어요. 뿌듯하고 행복했습니다. 좋은 고등학교에 입학하면 저절로 성적이 오르고, 좋은 대학교에 진학하고, 일이 다 잘 풀려서 행복해질 줄 알았거든요. 그러나 현실은 달랐습니다. 제가 생각했던 것보다 '공부'는 훨씬 많이 힘든 일이었어요. 반 친구는 5분 만에 뚝딱 푸는 문제를 저는 3시간을 들여다봐도 답이 보이지 않았습니다. 그만큼 다른 학생들과 실력 차이가 많이 났었던 것입니다. 그렇게 자괴감과 열등감에 사로잡히자 공부가 하기 싫어지게 되었습니다.

그때 처음으로 '왜 공부를 왜 해야 할까?' 하고 진지하게 고민했습니다. 처음에는 다른 사람들로부터 인정받고 싶다는 생각이었는데, 그런 이유만으로는 도저히 공부할 마음이 생기지 않더라고요. '만약 다른 사람이 인정해주지 않으면 내가 지금까지 한 공부는 어떻게 되는 거지? 1등이 아닌 나머지는 그저 들러리일 뿐인가?' 하는 의문이 들었습니다. 그런 고민을 선생님과 공유하자 선생님께서는 남들을 따라 하려고 하지 말고 나만의 속도로 공부하라고 조언해주셨습니다. 그리고 자신을 향한 칭찬을 아끼지 말라고 하시더라고요. 저는 늘 '이것도 못 풀면서 무슨 잠이야? 좀 더 공부하자.'라는 식으로 스스로를 채찍질했었거든요. 이후에는 선생님의 조언대로 문제를 맞힐 때마다 '대단하네. 잘하고 있어.'라고 스스로를 다독였습니다. 그렇게 잘하든 못하든, 좋아하든 싫어하든 그냥 꾸준히 별 생각 없이 공부를 했어요. 경쟁심도, 열등감도, 자괴감도 없이 공부에 몰두하니 한결 마음이 편안하고 저절로 흥미가 다시 생기더라고요.

결론은 공부가 하기 싫어지면 오히려 공부를 더 열심히 해보세요. 역설적인 말 같지만 대단한 동기가 없더라도 그냥 기계적으로 공부를 하다 보면 성적이 오르고 흥미가 생깁니다. 그리고 문제를 맞히고, 개념을 이해할 때마다 스스로를 다독이고 칭찬해주세요. 그것만으로도 입시 스트레스를 해소하는 데 큰 도움이 될 것입니다.

공부 패턴을 찾아라

수험생활에서 가장 중요한 건 공부 패턴이라고 생각합니다. 저는 기숙사에 거주했기 때문에 친구들이 어떻게 시간을 관리하는지 관찰할 수 있었는데요. 밤늦게까지 공부하는 친구도 있었고, 학교에서 공부를 끝내고 기숙사에서는 휴식만 취하는 친구도 있었고, 새벽 일찍 일어나 공부하는 친구도 있었습니다. 성향에 따라 시간을 관리하는 방법은 참 다양하더라고요. 그러니 남들이 공부하는 모습에 너무 스트레스 받지 말고 자신만의 공부 패턴을 찾아 꾸준히 유지하기 바랍니다.

저 같은 경우에는 아침 일찍 일어나 공부하는 방법을 택했습니다. 제가 다닌 고등학교는 밤 12시 30분에 소등하고 아침 6시 45분에 기상하는 것이 기본 규칙이었는데요. 보통 친구들은 새벽 2~3시까지 공부했는데, 저는 새벽 1시 안에 제가 할 수 있는 모든 공부를 끝내겠다는 마음가짐으로 공부했습니다. 그리고 남들보다 조금 일찍 일어나서 아침 공부를 했어요. 고등학교 입학 전에는 하루 7~9시간 정도는 잤었던 것 같은데 갑자기 잠을 5~6시간으로 줄이다 보니 많이 힘들더라고요. 하지만 꾸준히 제 페이스를 유지하기 위해 노력했습니다.

아침에는 상쾌한 공기를 마시면서 플래너로 계획을 짜고, 오래 걸리지 않는 문제를 풀거나 헷갈렸던 부분을 복습하곤 했는데요. 아침밥을 잘 챙겨 먹다 보니 집중력도 향상되고 몸도 건강해질 수 있었습니다.

참고로 저는 급식시간에 무언가를 암기하는 것은 추천하지 않습니다. 자투리 시간을 잘 활용하는 것은 좋지만 시끄러운 급식실에서 공부와 식사를 병행하면 밥을 먹은 것 같지도,

공부를 한 것 같지도 않더라고요. 뭐든지 한 가지씩 집중해서 차근차근 해나가는 것을 추천합니다.

플래너로
게으름 벗어나기

저는 타고난 게으름뱅이였어요. 수업시간에 배운 것을 복습하다가도 졸음이 오면 낮잠을 잤고, 선행학습을 하다가도 귀찮아지면 '그냥 수업시간에 배워야지.' 하는 마음으로 딴짓을 했어요. 그렇게 오늘 할 일을 자주 내일로 미루곤 했습니다. 할 일을 계속 미루다 보니 남들보다 공부하는 시간 자체가 적었고, 똑같은 시간을 공부해도 효율이 나쁠 수밖에 없었는데요. 다행히 오만하고 게을렀던 저는 플래너를 통해 달라질 수 있었습니다. 플래너를 쓰기 시작한 이유는 매번 해야 할 일을 놓치는 경우가 빈번했기 때문입니다. 잦은 실수와 후회를 줄이기 위해 계획을 세우기 시작했는데, 이것이 이후 저의 공부법에도 많은 영향을 주었습니다.

저는 10분 단위로 칸이 구분된 플래너를 사용했어요. 10분 단위로 목표를 세우니 제가 하루에 얼마나 공부했는지, 얼마나 많은 시간을 놀았는지 시각적으로 금방 파악할 수 있어서 좋았습니다. 아침 일찍 일어나 하루에 해야 할 공부와 숙제, 동아리 활동 등을 적어두고 목표를 달성한 항목들은 바로바로 그 시간에 잊지 않고 표시했습니다. 그리고 자기 전에 반성과 칭찬의 글이 담긴 '오늘의 일기'를 쓰며 하루를 점검했지요.

플래너를 쓰면서 성취감을 많이 느꼈고, 전보다 훨씬 규칙적으로 생활하게 되었어요. 처음 플래너를 사용할 때는 하루 공부시간이 3~5시간 정도였는데, 플래너에 적응한 이후에는 6~8시간 정도로 늘어나더라고요. 최고로 오래 공부한 시간은 무려 14시간 정도였습니다. 여러분도 자신의 공부 태도에 대해 냉정하게 알고 싶다면 플래너를 사용해보기 바랍니다.

대학이 전부는 아니다

기대했던 대학교에 합격하지 못하면 아마 마음이 참 힘들 거예요. 저 역시 10개 대학교에 지원했지만 최종적으로 합격한 곳은 세 곳뿐이었습니다. 심지어 모두 추가 합격이었기 때문에 마음고생이 심했어요. 그런데 원하던 대학교에 합격하지 못한다고 해서 좌절할 필요는 없더라고요.

저도 한때 원하는 대학교에 들어가지 못했다는 생각에 '나는 실패한 사람이다.'라는 부정적인 감정에 사로잡혀 방황했었습니다. 그러다 뒤늦게 제 가능성을 믿어준 대학교에서 최선을 다해 공부하기로 다짐했고, 현재는 저희 대학교가 너무나도 자랑스럽고 만족스럽습니다. 대학교의 이름이 다가 아니라는 것은 여러분도 알고 있을 거예요. 대학교에 가서도 우리는 많은 노력을 해야 합니다. 그러니 최선을 다했다는 사실에 의미를 두고 긍정적인 마음을 갖기 바랍니다.

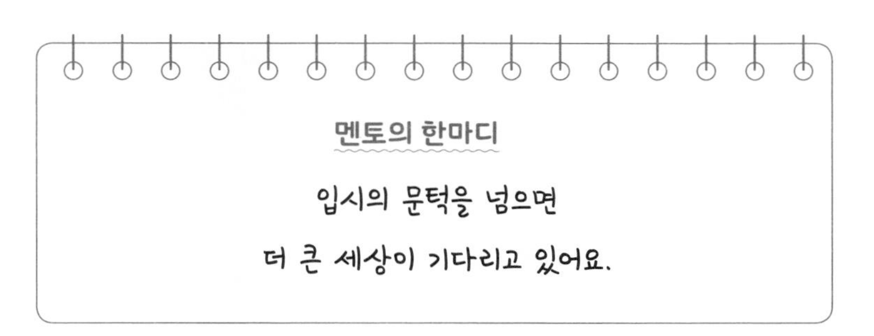

결과만큼 중요한 과정

울산과학기술원 오승헌

<table>
<tr><td>이름</td><td>오승헌</td><td>대학교</td><td>울산
과학기술원</td><td>학과</td><td>기초
공학부</td></tr>
<tr><td>입학연도</td><td>2020년</td><td>전형</td><td>학생부종합</td><td>수능</td><td>-</td></tr>
<tr><td>고등학교</td><td>충남
과학고등학교</td><td rowspan="2">합격학교</td><td rowspan="2" colspan="3">울산과학기술원,
대구경북과학기술원,
성균관대학교</td></tr>
<tr><td>내신</td><td>-</td></tr>
</table>

| 안녕하세요. 울산과학기술원 20학번 오승헌입니다. 학창 시절 대표 문제아로 손꼽혔던 저의 이야기를 공유하기 위해 이 글을 쓰게 되었습니다. 부디 여러분들의 입시에 도움이 되길 바랍니다.

대학은 꿈을 위한 도구일 뿐이다

저는 산속 마을에 있는 조금 특별한 초등학교를 다녔어요. 제가 나온 초등학교는 주기적으로 전교생이 캠핑을 했고, 1학년부터 6학년까지 6년 동안 자신의 꿈을 찾는 장기 프로젝트 활동을 진행했습니다. 저는 일부러 멋있어 보이고 싶어서 '우주'를 주제로 프로젝트 활동을 진행했는데요. 단지 멋있어 보이고 싶다는 욕구 때문이었지만, 알면 알수록 우주의 매력은 정말 상상 그 이상이었습니다. 그렇게 저는 천문 연구원의 꿈을 갖고 중학교에 입학하게 되었고, 이후 제가 좋아하는 수학과 과학만 하루 종일 배울 수 있는 과학고등학교를 목표로 공부했습니다.

중학교에서 저의 전교 석차는 400등대였습니다. 과학고등학교에 가고 싶다는 제 말에 선생님께서는 "과학고등학교에 입학하기 위해서는 전교에서 손가락에 꼽혀야 한다."라고 에둘러 조언해주셨는데요. 그래서 그냥 오기로 열심히 공부만 했습니다. 다행히 단기간에 전교 10등 안까지 성적을 올릴 수 있었고, 목표로 했던 과학고등학교에 입학할 수 있었습니다.

되돌아보면 초등학교, 중학교 때는 열정을 갖고 최선을 다해 공부했던 것 같습니다. '내가 공부해야 하는 이유'가 확실했기 때문입니다. 안타깝게도 많은 학생들이 책상에 목표로 하는 대학교의 이름을 붙여놓고 공부를 합니다. 그러나 대학은 꿈에 다가가기 위한 도구에 불과합니다. 왜 공부를 해야 할까요? '좋은 대학교' 외에 떠오르는 이유가 없다면 일단 내가 뭘 좋아하는지부터 찾기 바랍니다. 장담컨대 구체적이지 않더라도 꿈이 생기면 공부의 효율이 달라질 것입니다.

인생은
경로함수

부푼 기대를 안고 과학고등학교에 입학했지만 학교생활이 순탄치만은 않았습니다. 모든 교과목의 내용은 이해조차 어려웠고, 수업 진도는 과하게 빨랐습니다. 마치 학생들의 선행학습을 전제로 수업을 진행하는 느낌이 들더라고요. 그래서 한동안 목표를 잃고 방황했습니다. 일례로 수학시간에는 높은 난이도의 수학 문제 하나를 풀기 위해 2시간 동안 자습을 했던 적도 있었습니다. 2~3명 정도의 친구를 제외하고는 모두 문제를 이해는 것조차 어려워 넋을 놓고 있었지요. 저는 과학고등학교 선생님들에게 화가 났습니다. 선생님들이 '가르치는 일'에는 그다지 관심이 없어 보였기 때문입니다.

선생님들을 싫어하는 제 마음이 전해졌는지 선생님들도 최선을 다해 저를 싫어해주셨습니다. 마음이 어리고 표현이 미숙했던 저는 정말 열심히 반항했습니다. 그야말로 사고뭉치였지요. 그러다 우연히 『데일 카네기 인간관계론』을 읽으면서 제가 무언가 중요한 것을 놓치고 있다는 사실을 깨달았습니다. 저는 선생님들의 상황과 교육 철학 등을 고려하지 않은 채 제 입장에서만 모든 것을 판단하고 있었습니다. 뒤늦게 부끄러운 마음이 들더라고요. 이후 선생님들의 수업을 경청하고 한 분 한 분 이해하고 존중하기 위해 노력했습니다. 선생님들과의 관계가 좋아지자 자연스럽게 성적은 올라갔고, 그토록 싫어했던 선생님들의 웃는 얼굴도 볼 수 있게 되었습니다. 영원할 것 같던 미운 감정도 스르륵 사라졌습니다.

저는 인생은 상태함수가 아니라 경로함수라고 생각합니다. 상태함수처럼 처음과 마지막 결과만 중요한 게 아니라 그 과정 속에서 진정으로 배우고 성장할 수 있기 때문입니다. 그러니 남을 미워하고, 다른 친구들과 자신을 비교하면서 자책할 필요는 없습니다. 분명 지금의 아픔과 경험이 밑거름이 되어 한 층 성장하게 될 거예요. 마음이 힘들고 지치더라도 항상 긍정적으로 생각하기 바랍니다.

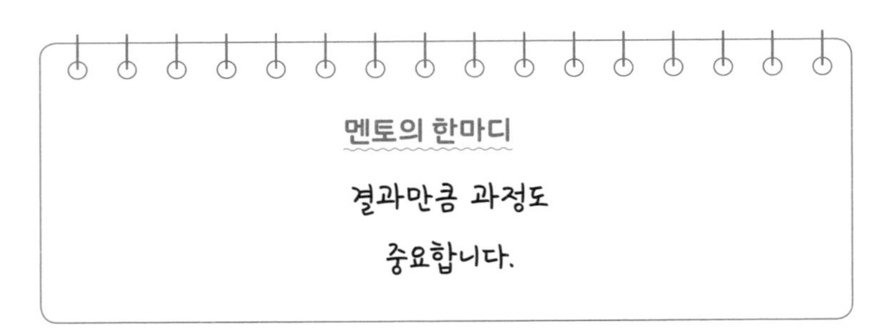

다양한 경험이 핵심이다

연세대학교 구나혜

이름	구나혜	대학교	연세대학교	학과	건설환경 공학과
입학연도	2015년	전형	과학인재	수능	-
고등학교	경기북 과학고등학교	합격학교	연세대학교, 고려대학교, 이화여자대학교, 성균관대학교, 울산과학기술원, 대구경북과학기술원		
내신	-				

저는 중학생 때 문제가 많은 학생이었습니다. 사춘기를 핑계로 공부를 하지 않았고, 잠시도 책상 앞에 앉아 있지 못했습니다. 실제로 밥 먹듯이 학원을 빼먹고 PC방에서 게임을 했습니다. 도서관에 간다고 거짓말을 하고 PC방에 가거나, 밤마다 운동을 한다고 거짓말을 하고 책방에 가서 만화책을 빌려보기도 했지요. 이렇게 하라는 공부는 안 하고 놀기만 하다가 뒤늦게 정신을 차리게 된 이유는 저를 끝까지 믿어주고 아껴준 어머니 덕분이었습니다.

고등학교 입학 등수는 전교생 100여 명 중 70등대였습니다. 뒤늦게 공부를 시작했지만 역시 기초가 부족하다 보니 단기간에 성적이 오르진 않더라고요. 그때까지만 해도 저는 꿈이 없었습니다. 공부도 그냥 남들이 다 하니까 하는 정도였습니다. 그러다 1학년 때 우연히 R&E에 참여하게 되었고, R&E 연구가 너무 재밌어서 자발적으로 더 열심히 하게 되었습니다. 되돌아보면 꿈과 목표가 없던 저에게 R&E가 이정표 역할을 해주었던 것 같아요. 이후 우리 고등학교에서 1학년 팀으로는 최초로 전국과학전람회에서 우수상을 수상했고, 과학기술경진대회에서 수상해 국제대회 출전 자격을 딸 수 있었습니다. 교내외 활동에서 좋은 성과를 얻으니 공부에도 더 흥미가 생기더라고요.

진로 탐색, 늦으면 후회만 는다

'왜 좀 더 일찍 진로 탐색을 하지 않았을까?' 제가 지금도 후회하는 일 중 하나입니다. 실제로 저는 스스로 어떤 분야에 흥미가 있고, 무엇을 잘하는지 고민하는 데 소홀했습니다. 말 그대로 목표 없이 '그냥' 공부만 한 셈입니다. 진로 탐색과 관련된 체험이나 관련 강연, 교내외 활동 등이 있다면 반드시 적극적으로 참여하기 바랍니다. 당장 흥미가 없더라도, 시간이 아깝더라도 일단 참여해보세요. 대개 그런 경험들이 하나둘 쌓여 꿈과 목표가 형성되기 때문입니다.

꿈이 없는 건 이상한 일이 아닙니다. 하지만 본인의 흥미와 적성을 어느 정도 알고 있다면 좀 더 수월하게 살아갈 수 있고, 시간을 절약할 수 있습니다. 제가 아는 지인은 본래 지구과학과였지만, 군대에서 2년 동안 진로 탐색을 하며 자격증 공부를 하더니 나중에는 수학과로 진로를 바꾸더라고요. 전역 후 매우 만족하면서 대학을 다니는 지인을 보며 '좀 더 내 인생에 대해, 목표에 대해 진지하게 고민해봤으면 좋았을 텐데.' 하는 생각이 들었습니다.

인생은 깁니다. 본인의 적성을 늦게 알아차린다고 해서 남들에게 뒤처지는 것은 절대 아니지만, 기회가 무궁무진한데 시도조차 해보지 않는 것은 아깝다고 생각해요. 진로 탐색과 관련된 활동을 위해서라면 학원을 하루 빼먹는 것 정도는 괜찮습니다. 당장 할 만한 활동이 떠오르지 않는다면 동아리 활동을 추천합니다. 요즘에는 생활기록부에 기록하기 위해 동아리도 학술적인 곳을 선택하는 경우가 많은데요. 취미를 위한 동아리 활동도 나쁘지 않다고 생각합니다.

저는 고등학교 때 연극 동아리, 신문 동아리, 힙합 동아리, 오케스트라 동아리, 천체관측 동아리에서 활동했습니다. 학술적인 천체관측 동아리를 제외하고는 오로지 제 취미를 위한 동아리였습니다. 졸업식 때는 뮤지컬에도 참여했는데요. 이처럼 동아리는 적절히 잘 활용하면 학업 스트레스 해소에도 큰 도움이 됩니다.

나중에 후회하지 말고 진심으로 재밌어 보이는 동아리, 꼭 들어가고 싶은 동아리가 있다면 가입해서 활동해보기 바랍니다. 대학교에서도 마찬가지입니다. 저는 대학교에서 마술 동아리 활동을 하고 있는데요. 여러 무대에서 공연하면서 뿌듯함과 자부심, 자신감을 얻을 수 있었습니다. 같은 취미를 공유하는 마음 맞는 친구들까지 만날 수 있으니 시간 낭비라고 생각하지 말고 여러 활동에 적극적으로 참여해보기 바랍니다.

세상은 넓고
할 일은 많다

저는 여행을 좋아해서 국내 여행뿐만 아니라 필리핀, 말레이시아, 미국, 중국, 일본 등 다양한 나라에 다녀왔습니다. 가장 인상 깊었던 여행은 남미로 떠난 한 달간의 배낭여행이었는데요. 한 달 동안 아르헨티나, 볼리비아, 페루를 돌면서 정말 많은 사람을 만날 수 있었습니다.

남미는 영어를 아예 못하는 사람들이 많았는데요. 그때마

교환학생 시절의 사진. 아직 진로가 확실하지 않다면 다양한 세상을 경험해보는 것이 좋습니다.

다 다른 외국인 여행객들에게 도움을 받았고 자연스럽게 친해질 수 있었습니다. 과학고등학교와 공대를 나오면서 제 주변에는 늘 이과 친구들뿐이었는데 여행을 통해 화가, 작가, 발레리나, 선생님, 가수, 요리사 등 다양한 직업을 가진 사람들과 만날 수 있었습니다. 이후 미국으로 교환학생을 다녀오면서 '난 꼭 해외에서 일하는 사람이 될 거야.'라는 새로운 꿈을 갖게 되었습니다. 여행을 다니면서 다양한 사람들을 만나다 보니 세상을 보는 제 시야도 저절로 넓어지더라고요. 세상은 넓고 할 일은 많습니다. 아직 뚜렷한 꿈과 목표가 없다면 여행을 통해 다양한 세상을 경험해보는 것은 어떨까요?

나만의 네 가지
공부 노하우

공부법에 대해 몇 가지 조언을 드리자면 다음과 같습니다.

1. 선생님을 좋아하자

저는 선생님의 영향을 많이 받는 학생이었습니다. 그래서 선생님과의 관계를 잘 형성하기 위해 노력했는데요. 선생님과의 관계가 좋으면 자연스럽게 수업 집중도와 참여도가 올라가게 됩니다. 진부한 이야기지만 수업을 열심히 듣는 것만큼 좋은 학습법은 없습니다.

저는 중학생 때 과학 선생님과 역사 선생님을 특히 좋아했습니다. 시험 기간에 따로 과학과 역사를 공부해본 적이 없을 만큼 수업시간에 집중했던 기억이 납니다(과장 없이 교과서를 보면 선생님이 했던 모든 말씀이 다 떠오를 정도였어요). 그래서 다른 과목을 공부할 시간이 넉넉했습니다. 고등학교 시절엔 지구과학 선생님을 좋아해서 마찬가지로 지구과학을 공부하는 데 어려움이 없었습니다.

물론 모든 과목의 선생님이 좋을 순 없습니다. 하지만 적어도 싫어해선 안 됩니다. 저는 고등학교 때 물리 선생님을 싫어했는데요. 그러다 보니 물리에 대한 거부감이 생기고 물리 공부가 제일 어렵더라고요. 저처럼 '선생님과의 관계'가 공부에 큰 영향을 미치는 스타일이라면 우선 선생님을 좋아하기 위해 노력해봅시다.

2. 질문을 자주 하자

쓸데없는 질문도 좋습니다. 저는 쉬는 시간에도, 방과 후에도 질문을 정말 많이 했습니다. 처음에는 좋아하는 선생님에게 관심을 받고 싶어서 한 행동이었는데, 질의응답을 통해 자연스럽게 어려운 개념이 학습되더라고요. 혼자 고민하는 것보다 질문하는 것이 훨씬 효율적입니다.

3. 기본에 충실하자

중학교 때까지 저는 최대한 많은 문제를 푸는 소위 '양치기'로 성적을 냈습니다. 그런데 고등학교에 들어가고 시간이 갈수록 이 방법이 통하지 않더라고요. 양치기는 문제 유형을 파악하는 데 좋지만 기본 개념을 깊이 있게 이해하는 데는 도움이 되지 않습니다. 아무리 많은 문제집을 풀어도 기본을 모르면 응용이 안 되고, 문제가 조금이라도 어려워지면 틀릴 수밖에 없습니다. 따라서 기본에 충실해야 합니다.

뿌리 깊은 나무는 흔들리지 않는다고 하지요. 수많은 공식을 달달 외워서 문제를 푼다고 해도 기본 개념을 이해하지 못하면 그 내용을 다 아는 것이 아닙니다. 공식을 외우기 전에, 그 공식을 왜 이 문제에 적용해야 하는지 고민해보기 바랍니다. 투자하는 시간에 비해 수학, 과학 성적이 나오지 않는다면 내가 공식만 암기하고 있는 것은 아닌지 되짚어봐야 합니다. 가장 중요한 것은 개념의 '정의'를 알고 있는 것입니다.

참고로 '기본에 충실하자.'라는 말에는 기출문제를 중시하란 뜻도 담겨 있습니다. 기출문제만큼 그 시험의 특성과 경향성을 보여주는 유용한 자료는 없으니까요.

4. 공개된 장소에서 공부하자

저는 절대 도서관이나 독서실에서 칸막이 책상을 쓰지 않았습니다. 왜냐하면 분리된 나만의 공간이 생기면 딴짓을 하기 쉽기 때문입니다. 혹시 저처럼 다른 사람의 시선을 신경 쓰는 사람이라면 공부는 되도록 공개된 장소에서 하는 것이 좋습니다. 참고로 집에서는 거실 옆 식탁을 애용했는데요. 공개된 장소에서 공부하니 딴짓도 줄고, 졸지도 않게 되었습니다.

하루는 24시간보다 훨씬 짧다

시간 관리가 중요한 이유는 하루가 24시간보다 훨씬 짧기 때문입니다. 사람은 당연히 잠을 자고, 밥을 먹어야 합니다. 그래서 실제로 내가 의식을 갖고 살아가는 시간은 24시간보다 짧을 수밖에 없습니다. 잠을 8시간 잔다면 내 하루는 16시간이고, 밥을 1시간 동안 먹는다면 내 하루는 다시 15시간으로 줄

어듭니다. 그래서 계획을 세울 때 24시간을 기준으로 생각하면 너무 늘어지게 됩니다. 특히 저처럼 스스로에게 관대하고, 낙관적인 사람이라면 더더욱 공부시간을 명확하게 셈해야 합니다. 하루를 짧게 잡고 바쁘게 움직이기 바랍니다.

자기주도학습이 잘 안 되는 스타일이라면 계획을 세울 때 강제성이 있어야 합니다. 그래야 공부 집중력도 올라가고, 책임감도 생깁니다. 이를 위해서 저는 친구들과 스터디를 했는데요. 친구들끼리 해도 좋고, 인터넷에서 사람을 구할 수도 있습니다. 몇 시까지 일어나서 책상에 앉는 기상 스터디, 하루에 몇 시간 이상 공부하는 공부 스터디, 인터넷 강의를 하루에 꼭 몇 강씩 듣는 스케줄 스터디 등 종류는 다양합니다. 본인에게 필요하다고 생각되는 스터디를 구해서 참여한다면 공부 효율을 높일 수 있을 것입니다.

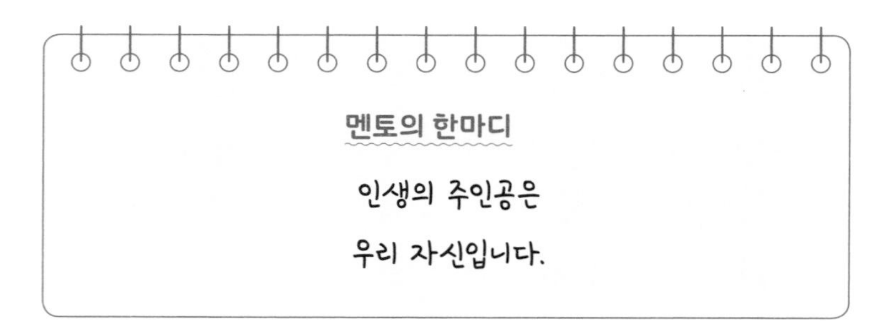

목표와 용기의 중요성

한양대학교 김금비

이름	김금비	대학교	한양대학교	학과	국어 교육과
입학연도	2012년	전형	정시	수능	-
고등학교	낙생 고등학교	합격학교	한양대학교		
내신	-				

| 중고등학교 시절, 제 유일한 낙은 드라마를 보는 것이었습니다. 매일 아침 학교에 가고, 방과 후엔 학원에 가거나 자습하는 일이 반복되는 제 삶에 드라마는 한 줄기 빛과 같은 존재였습니다. 남들이 잠든 시간에 저는 드라마를 통해 미국을 여행하기도 했고, 조선시대로 시간여행을 하기도 했습니다. 드라마는 학교에서 가르쳐주지 않는 용서, 화해, 사랑을 가르쳐주었고, 희망과 용기의 중요성을 가르쳐주었습니다. 그리고 제게 특별한 꿈도 주었지요.

학교에서는 드라마를 좋아하면 무슨 일을 할 수 있는지 가르쳐주지 않았습니다. 그래서 장래희망에 제가 좋아하는 드라마 속 주인공의 직업인 '드라마 PD'를 썼습니다. 그때부터 제 꿈은 드라마 PD였고, 어떤 일을 하는지 구체적으로 알지는 못했지만 마음껏 드라마를 볼 수 있는 미래를 꿈꿨습니다.

등 떠밀려 하는 공부 vs. 꿈을 이루기 위한 여정

구체적인 꿈, 즉 목표를 설정하는 것은 학업에 큰 도움이 됩니다. 실제로 저 역시 꿈과 목표가 생기자 보다 의욕적으로 공부할 수 있었습니다. 내로라하는 방송국 PD 공채로 입사하기 위해서는 소위 '스카이(SKY)' 정도의 학벌이 필요했습니다. 이때부터 저는 스카이 대학을 목표로 공부에 매진했습니다.

이처럼 공부는 남에게 등 떠밀려 하는 것이 아니라 스스로 해야 합니다. 물론 등 떠밀려서 공부를 해도 중도에 포기하지 않고 원하는 만큼 성적이 나오는 예외의 경우도 있습니다. 하지만 공부를 잘하는 학생들은 대부분 스스로 동기를 만들었고, 꿈을 이루기 위해 스스로 노력했습니다. 그래서 꿈은 중요합니다. 정말 꿈이 없고, 어떤 일을 하고 싶다는 생각이 없다면 꿈을 찾기 위해 노력해야 합니다. 주변에서 내가 닮고 싶은 사람을 찾아도 좋고, 혹은 TV에 나오는 누군가라도 좋습니다. 그 사람의 직업, 혹은 비슷한 분야에서 일해보고 싶다는 흥미만 생기면 충분합니다.

막연하게 좋은 대학을 가겠다는 목표 말고 '나는 ○○ 분야에 관심이 있는데, 그 분야는 ○○대학교가 유명하다.'라는 구체적인 이유를 만들어야 합니다. 억지로라도 동기를 만들면 길고 지루한 수험생활이 꿈을 위한 여정으로 바뀔 것입니다.

참고로 현재 저는 꿈꿨던 드라마 PD는 되지 못했지만, 새로운 목표를 찾아 방송국에 취업해 좋아하는 일을 하며 지내고 있습니다. 입시를 준비했던 기간은 길고 지루했지만 꿈이 있어

참고 견딜 수 있었습니다. 꿈을 마음속에 품고 열심히 정진한다면 매일 조금씩 꿈과 가까워질 수 있습니다. 여러분의 꿈을 응원합니다.

플래너로
공부량을 측정하자

효율적으로 시간을 관리하기 위해서는 매일 구체적으로 공부하는 시간과 공부량을 측정해야 합니다. 예를 들어 '오늘은 6시간 20분을 공부했고, 어제보다 30분 덜 공부했다.'라는 식으로 보다 객관적으로 공부시간을 확인해야 합니다. 매일 플래너를 통해 단기적인 목표를 달성하면 성취감을 느낄 수 있습니다.

저는 스톱워치를 활용해 하루에 몇 시간 공부했는지 쟀는데요. 수업 듣는 시간을 빼고 혼자 공부한 시간만 체크했습니다. 그리고 재수 때는 과목이 아니라 해야 할 과제를 구체적으로 적어두고, 공부한 전체 시간을 스톱워치로 재서 기입했습니다. 투두 리스트 아래에는 수업을 듣다가 떠오른 질문들을 적어두고 나중에 잊지 않고 꼭 질문해 답을 얻었습니다.

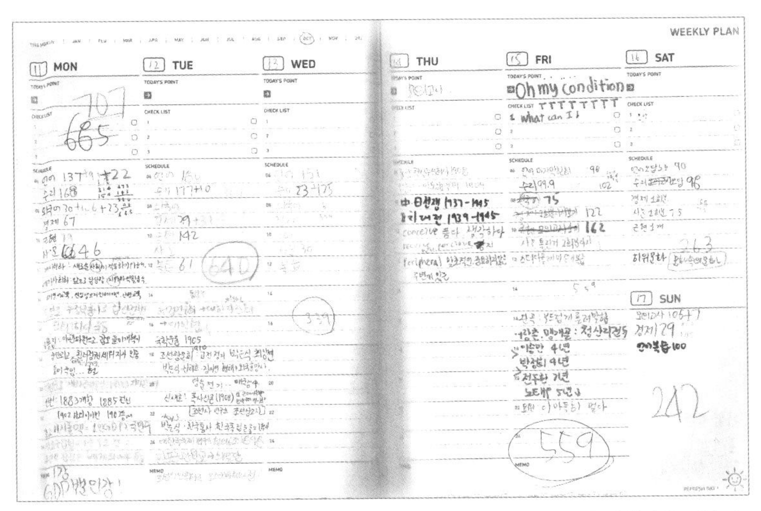

매일 공부량을 체크하는 데 활용된 플래너. 단기적인 목표를 달성하면 성취감을 느낄 수 있습니다.

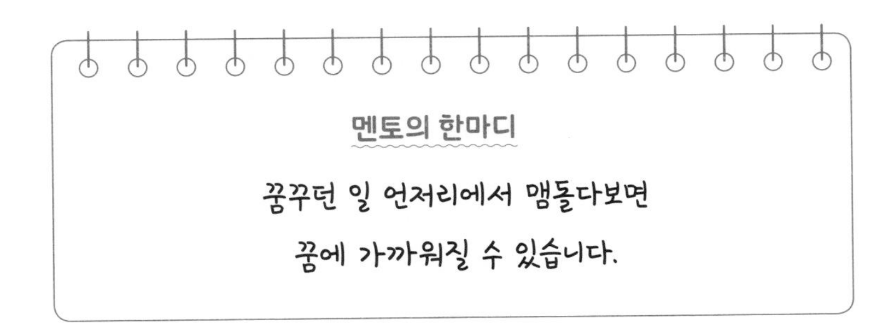

5장 핵심요약

- 대학생이 되면 대학교 이름보다는 흥미와 적성이 더 중요해진다. 특히 전공은 우리가 앞으로 평생 해야 할 일과 직업을 선택하는 데 직접적인 영향을 미치는 중요한 요인이다.
- 생활기록부에 기재하는 장래희망이 자주 바뀌면 좋지 않다는 편견을 갖는 경우가 있는데, 장래희망이 바뀐다고 해서 합격률이 떨어지는 것은 아니다.
- 대학은 꿈에 다가가기 위한 도구에 불과하다. 일단 내가 뭘 좋아하는지부터 찾자.
- 진로 탐색과 관련된 체험이나 관련 강연, 교내외 활동 등이 있다면 반드시 적극적으로 참여하자. 당장 흥미가 없더라도, 시간이 아깝더라도 일단 참여하자. 대개 그런 경험들이 하나 둘 쌓여 꿈과 목표가 형성되기 때문이다.
- 세상은 넓고 할 일은 많다. 아직 뚜렷한 꿈과 목표가 없다면 여행을 통해 다양한 세상을 경험해보는 것은 어떨까?
- 공부는 남에게 등 떠밀려 하는 것이 아니라 스스로 해야 한다. 물론 등 떠밀려서 공부를 해도 중도에 포기하지 않고 원

하는 만큼 성적이 나오는 예외의 경우도 있다. 하지만 공부를 잘하는 학생들은 대부분 스스로 동기를 만들었고, 꿈을 이루기 위해 스스로 노력했다.

부록

멘토트리가 당신의 꿈을 응원합니다

2012년에 문을 연 청소년 진로·입시 멘토링 교육기업 멘토트리는 명문대에 다니는 1천여 명의 멘토들과 함께 다양한 진로 교육 프로그램을 운영해왔습니다. 팟캐스트와 유튜브 방송을 통해 수험생들의 고민과 고충을 공유하고 있습니다. 공식 사이트에서 '공부의 왕도'를 찾기 위한 멘토트리의 여정을 확인하실 수 있습니다.

"멘토트리가 여러분의 꿈을 응원합니다."

Meet Your Dream, MENTORTREE

- 멘토트리 ▸ mentortree.co.kr
- 유튜브 ▸ www.youtube.com/mentortree
- 블로그 ▸ blog.naver.com/mentor_tree

대학을 바꾸는 공부법

초판 1쇄 발행 2021년 1월 25일

지은이 | 김동환
펴낸곳 | 페이스메이커
펴낸이 | 오운영
경영총괄 | 박종명
편집 | 이광민 최윤정 김효주 강혜지 이한나 김상화
디자인 | 윤지예
마케팅 | 송만석 문준영 이태희
등록번호 | 제2018-000146호(2018년 1월 23일)
주소 | 04091 서울시 마포구 토정로 222 한국출판콘텐츠센터 319호(신수동)
전화 | (02)719-7735 팩스 | (02)719-7736
이메일 | onobooks2018@naver.com 블로그 | blog.naver.com/onobooks2018
값 | 16,000원
ISBN 979-11-7043-163-3 03370

※ 페이스메이커는 원앤원북스의 예술·취미·실용 브랜드입니다.
※ 잘못된 책은 구입하신 곳에서 바꿔 드립니다.

※ 원앤원북스는 독자 여러분의 소중한 아이디어와 원고 투고를 기다리고 있습니다.
원고가 있으신 분은 onobooks2018@naver.com으로 간단한 기획의도와 개요, 연락처를 보내주세요.